D1678712

संकल्प

संकल्प

विष्णु प्रभाकर

वाणी प्रकाशन

वाणी प्रकाशन

4695, 21-ए, दरियागंज, नयी दिल्ली 110 002

फ़ोन : +91 11 23273167 फ़ैक्स : +91 11 23275710

शाखाएँ

अशोक राजपथ, पटना 800 004, बिहार

कॉफ़ी हाउस कैम्पस, महात्मा गांधी मार्ग, इलाहाबाद 211 001, उत्तर प्रदेश

महात्मा गांधी अन्तरराष्ट्रीय हिन्दी विश्वविद्यालय, वर्धा 442 001, महाराष्ट्र

www.vaniprakashan.in
marketing@vaniprakashan.in
sales@vaniprakashan.in

SANKALP

by Vishnu Prabhakar

ISBN : 978-93-5072-619-8

Novel

© अतुल कुमार

प्रथम संस्करण 2014

आवृत्ति 2018

मूल्य : ₹ 250

इस पुस्तक के किसी भी अंश को किसी भी माध्यम में प्रयोग करने के लिए प्रकाशक से लिखित अनुमति लेना अनिवार्य है।

एम.एस. प्रिंटर्स, दिल्ली-110 095 में मुद्रित

वाणी प्रकाशन का लोगो मक़बूल फ़िदा हुसेन की कूची से

दो शब्द

प्रायः कथा-साहित्य के लिए किसी प्रकार की भूमिका की आवश्यकता नहीं होती। पर इसकी रचना-प्रक्रिया के पीछे एक कहानी है। इस कृति में तीन लघु-उपन्यास या तीन लम्बी कहानियाँ संकलित हुई हैं। उनकी रचना, उस क्रम से नहीं हुई, जिस क्रम से वे संकलन में आयी हैं। मैं बोलकर नहीं लिखा सकता, पर यह अनोखा संयोग है कि ये तीनों रचनाएँ बोलकर लिखवाई गयी हैं। बात सम्भवतः 1954-55 की है। मेरे टाइपिस्ट मित्र आशुलिपि का कोर्स कर रहे थे। एक दिन बोले, 'आप मुझे कुछ बोलकर लिखवाइए, मेरा अभ्यास हो जाएगा।' उस समय मेरे मन में एक लम्बी कहानी रूप ले रही थी। बोलकर लिखाने का मुझे अभ्यास नहीं था; फिर भी, अपने

मित्र के आग्रह पर, यह दुस्साहस किया और इस तरह 'स्वप्नमयी' की पाण्डुलिपि तैयार हो गयी।

'स्वप्नमयी' की कहानी एक सत्य घटना पर आधारित है और इस घटना का सम्बन्ध उपन्यास के अन्त से है। उस समय 'धर्मयुग' में धारावाहिक रूप में प्रकाशित हुआ था। इसे पढ़कर मुझे कई महिलाओं ने पत्र लिखे। एक बहन ने तो मुझे यह कहकर संकट में डाल दिया कि कामोबेश यह उनके जीवन की कहानी है।

यह सब लिखकर मैं इस लघु-उपन्यास की सत्यता को प्रमाणित करना नहीं चाहता। यह तो एक घटना पर आधारित मेरे मन की कहानी है। इसलिए इसमें कुछ असाधारण बातें भी आ गयी हैं। इन घटनाओं का इस कथा में समावेश होना पूर्व-नियोजित नहीं था।

यह एक ऐसी माँ की कहानी है जो नारी-मुक्ति का स्वप्न तो देखती है, पर अन्त में अपनी सास के चक्रव्यूह में फँस जाती है। इसलिए और भी फँस जाती है क्योंकि वह प्रयोग करने में विश्वास करती है। लेकिन स्वप्न को चरितार्थ करने के लिए व्यक्ति को अपने ऊपर और भी अंकुश लगाना पड़ता है। इसका संकेत भी नायिका की देवरानी के चरित्र में मिलता है। इस संकलन में वह 'स्वप्न' के नाम से संकलित है।

दूसरा उपन्यास 'दर्पण का व्यक्ति' इसके लगभग दस वर्ष बाद, इसी तरह बोलकर लिखवाया था। इसकी प्रेरणा मुझे महापण्डित राहुल सांकृत्यायन के बाल-विवाह से मिली थी। अपनी उस पत्नी को वह कभी स्वीकार नहीं कर सके। और एक दिन घुमक्कड़ी के शौक में घर छोड़कर चले गये। संघर्षों से जूझते हुए, वह तो, कहीं से कहीं पहुँच गये। उनका नाम विश्व में गूँजने लगा। परन्तु हिन्दू संस्कारों से ग्रसित उनकी बालिका-वधू जीवन-भर उनके नाम की माला जपती रही और माँग में सिन्दूर भरे 'करवा चौथ' का व्रत करती रही। अन्तिम काल में, एक बार राहुलजी उनसे मिलने गये थे और उन्हें देखकर उनके नेत्र भीग आये थे। तब उनके मुँह से ये शब्द निकले थे, "मेरे कारण इस नारी का जीवन नष्ट हो गया।"

लेकिन यह मात्र राहुलजी की पत्नी की कहानी नहीं है। यह

तो उस हिन्दू नारी की कहानी है, जिसकी मज्जा में संस्कार कानखजूरे की तरह जड़ जमाकर बैठ जाते हैं। सब कुछ भाग्य पर छोड़कर वह जीवन को घसीटती रहती है। मूल घटना को मैंने इस दृष्टि से नया रूप दिया है। इस संकलन में वह 'संस्कार' के नाम से संकलित है।

यद्यपि यह लघु-उपन्यास 'स्वप्नमयी' से दस वर्ष बाद प्रकाशित हुआ, लेकिन कहानी की दृष्टि से यह उससे पूर्व की कहानी है। इसलिए इसी क्रम से ये उपन्यास इस संकलन में आये हैं। 'दर्पण का व्यक्ति' की नारी 'स्वप्नमयी' से पहले की नारी ही हो सकती है।

ऐसा नहीं कि संस्कारग्रस्त नारी के जीवन में तूफान नहीं आते; लेकिन उनसे संघर्ष करने की शक्ति तो संस्कार लील चुके होते हैं। इसलिए उसका जीवन व्यर्थता में ही समाप्त होता है।

'स्वप्नमयी' उपन्यास सन् 1956 में प्रकाशित हुआ था। उस समय मैं आकाशवाणी में कार्यरत था। उसे पढ़कर मेरी एक सहयोगी ने मुझसे कहा था, "यह तो ठीक है। पर अब कर्ममयी नारी की कहानी कब लिख रहे हैं?"

यह कहानी लिखने की बात मेरे दिमाग में नहीं थी, ऐसी बात नहीं थी। इन दोनों लघु-उपन्यासों के बाद एक ऐसे सशक्त नारी-चरित्र का सृजन करना चाहता था, जो अपने व्यक्ति का स्वतंत्र निर्माण करे और अपने को वह दिखाने की चेष्टा न करे, जो वह नहीं है। वह अपने को पहचानती हो और किसी शर्त पर समझौता करने की बात उसके मन में न आये। ऐसी अदम्य इच्छा-शक्तिवाली नारी की मुझे तलाश थी, जो मुक्ति की चाह में पुरुष बनने की कामना से अपने को बचा सके।

परन्तु उस घटना के बाद मैं शरत बाबू के साथ ऐसा जुड़ा कि बारह वर्ष बीत गये। सन् 1974 में मुझे कर्ममयी की याद आयी। उपन्यास लिखने की रूपरेखा भी तैयार की, लेकिन वह लघु न रहकर वृहद् हो गया। और भी घटनाएँ उससे आ जुड़ीं। वह उपन्यास है 'कोई तो'। उसके बाद फिर मैंने प्रयत्न किया तो अचानक 'अर्द्धनारीश्वर' की कल्पना ने मेरे मस्तिष्क को जकड़ लिया। उसे पूरा करने में आठ वर्ष बीत गये। बाद के इन दोनों उपन्यासों की नारियाँ भी कर्ममयी हैं। लेकिन मैं तो पहले दो उपन्यासों के समान ही लघु-उपन्यास लिखना

चाहता था। इसलिए उसकी रूपरेखा निरन्तर मेरे मन को घेरे रही।

सन् 1955 में 'स्वप्नमयी' लिखने के बाद, सन् 1990 में 'अर्द्धनारीश्वर' के प्रकाशन तक, समय ही नहीं बीता अपितु मानव-मूल्यों में भी परिवर्तन आ गया। तभी सहसा मुझे एक समस्या से दो-चार होना पड़ा। माता-पिता के अलग हो जाने के बाद बच्चे की क्या स्थिति हो जाती है इस पर बहुत कुछ सोचा गया और लिखा भी गया। नाना देशों में फिल्में भी बनीं। इसका परिणाम यह हुआ कि मैंने 'संकल्प' के नाम से एक उपन्यास की रूपरेखा तैयार की। यह अचानक एक दिन सुसुप्तावस्था में, अपने सम्पूर्ण रूप में मेरे सामने साकार हो उठा। अब मैंने इस अवसर को न खोने का निश्चय किया और अपनी सहयोगी आशा के साथ अपने छोटे बेटे के पास नागपुर चला गया। लगभग मैंने अपनी सभी बड़ी रचनाएँ उसके पास रहकर लिखी हैं। पहले वह कानपुर में था और इस समय नागपुर में कार्यरत है। दिल्ली में मैं इतना व्यस्त और त्रस्त रहता हूँ कि कुछ ठोस लिखने का अवसर ही नहीं मिलता। मित्र वहाँ भी मिलने आते हैं, लेकिन सायं पाँच बजे के बाद। तब तक मैं शांत चित्त लिखता रहता हूँ। मेरे मन में एक और बात भी थी कि पहले दोनों लघु-उपन्यासों के समान इसे भी बोलकर लिखवाऊँ। इसलिए मैं छः दिन तक बोलता रहा और आशा लिखती रही। इस तरह यह लघु-उपन्यास तैयार हो गया। इसे मैंने नाम दिया 'संकल्प'। इसकी संरचना में आशा का योगदान भी कम नहीं है। वह केवल लिखती ही नहीं थी, प्रश्नचिह्न भी लगाती थी।

इसे मैंने दूसरे दोनों लघु उपन्यासों की तरह स्वतन्त्र रूप से नहीं छपवाया, बल्कि तीनों को एक ही जिल्द में, एक साथ कर दिया है। 'संस्कार, स्वप्न और संकल्प' यानी नारी की उत्तरोत्तर विकास की मंजिलें।

तो यह है 'संकल्प' के सृजन की कहानी।

पाठकों और समीक्षकों को अधिकार है कि वे इसे किसी भी रूप में ले सकते हैं।

—विष्णु प्रभाकर

818, कुण्डेवालान,
अजमेरी गेट, दिल्ली

प्रकाशकीय

यशस्वी कथाकार विष्णु प्रभाकर के तीन उपन्यास संस्कार, स्वप्न और संकल्प एक ही जिल्द में 'संकल्प' शीर्षक के अंतर्गत प्रकाशित हुए थे। इन तीनों उपन्यासों का कथ्य है नारी मुक्ति। लेकिन प्रत्येक उपन्यास एक स्वतन्त्र रचना की तरह पढ़ा जा सकता है। इसी में उसकी सार्थकता भी है, क्योंकि तीनों उपन्यास अलग-अलग समय में लिखे गये थे और अपने दौर के मूल्यों और संघर्षों को अभिव्यक्त करते हैं।

1

सघन अंधकार के अन्तर में भी प्रकाश का एक वृत्त होता है, पर इस अपूर्व सौन्दर्य को देख सके, ऐसे सौभाग्यशाली व्यक्ति बहुत कम होते हैं। उन्हीं में एक सुमति है। वह तो मानो उस वृत्त से एकाकर हो चुकी है। जब भी उसका मन उदास होता है या कोई जटिल समस्या उसके सामने आ खड़ी होती है, तब उस आलोकित वृत्त में से एक सौम्य आकार बाहर आता है और उसके पास आकर ठहर जाता है, मुसकराता हुआ...

सुमति की दृष्टि उसके आर-पार को पहचानती है। इसलिए वह चौंकती नहीं, उठकर बैठ जाती है। एक क्षण उसे देखती है और जैसे अपने से ही कहती है, 'तुम...?'

'हाँ, मैं ही हूँ। तुमने बुलाया है न, पर मैं तुम्हारे बुलाने की राह कहाँ देखता हूँ। जानता हूँ तुम बुलाओगी, इसलिए स्वयं ही प्रकट हो जाता हूँ...'

'तो क्या तुम सब कुछ देखते रहते हो?'

खिलखिला पड़ा आकर, बोला, 'हाँ, सब कुछ देखता रहता हूँ। तुमसे भी अधिक देख लेता हूँ मैं, क्योंकि मैं तुम्हारे रोम-रोम में व्याप्त हूँ। तुमने आज वही किया जो तुम्हें करना चाहिए था। और जब तुम खिलखिलाकर हँसी थीं तब उस अट्टहास में मेरी ही तो हँसी थी।'

'जानती हूँ पर...'

'ना...कोई पर नहीं।'

सुमति स्तब्ध, अपलक उस चिर-परिचित आकार को देखती रही, देखती रही, फिर गूँजा एक उच्छ्वसित स्वर, 'तनिक और पास आओ न !'

आकार फिर खिलखिलाकर हँसा। इस बार सुमति को लगा जैसे यह हँसी उसके अन्तर में गूँज रही है और कोई कह रहा है, 'यह तुम कहती हो? पास तो वह आता है जो दूर होता है ! मैं तो तुम्हारे अन्तर में रहता हूँ सदा। वहीं तुम हो इस समय। दूरी तो दृष्टि का भ्रम है।'

फिर सहसा वह स्वर मौन हो गया और सुमति को एक दैवी गन्ध ने अपनी गुँजलक में ले लिया। वही गंध उसकी शक्ति है, सम्बल है, और जो कुछ घटता है वह बाहर कहाँ होता है, वह तो उसके अन्तर में उभरे उसके चिन्तन के रूप हैं।

उसने आँखें खोलकर उस अन्धकार में चारों ओर देखा जो उसके अपने अन्तर के प्रकाश से आलोकित हो रहा था। वह आत्ममन्थन कर रही थी और अब आश्वस्त थी कि उसने जो कुछ किया, वहीं करने योग्य था।

उसने एक गहरी साँस ली, आश्वस्ति के सुख की साँस।

उसने एक बार फिर नौकरी से इस्तीफा दे दिया था। उसी को लेकर यह द्वन्द्व उभरा था उसके अन्तर में।

2

पाँच वर्ष बीत गये जब सुमति के जीवन-साथी की एक दुर्घटना में अकस्मात् मृत्यु हो गयी थी। दोनों एक-दूसरे को असीम प्यार करते थे, मानो दोनों एक-दूसरे के लिए ही बने हों। लेकिन नियति ने

उनके लिए कुछ और ही निश्चित कर रखा था। इसलिए उसने इन्हें सात वर्ष के वैवाहिक जीवन के बाद निर्दयतापूर्वक अलग कर दिया। पाँच वर्ष का संदीप ही उनके प्रेम का प्रतीक था, ऐसा प्रतीक जो वास्तविक से भी अधिक वास्तविक था।

सुमति ने जीवन को सदा जीवन की तरह ही जिया था। पिता के परिवार में उसने हर चुनौती को हँसकर स्वीकार किया। बहुत पुरातनपन्थी नहीं थे उसके पिता; पर एक अनुशासनप्रिय व्यक्ति की तरह दृष्टि उनकी बहुत चौकस थी। बेटे उनके दो थे, पर बेटी यही एक सुमति थी। उसे पूरी स्वतन्त्रता थी, पर सीमाएँ लाँघने और तोड़ने का अन्तर उन्होंने सुमति को शब्दों से नहीं, व्यवहार से समझा दिया था। वह नहीं चाहते थे कि उनकी बेटी दुर्बल बने—तन की ही नहीं, मन की भी। वह एक मेडिकल कम्पनी में काम करते थे। अधिकतर बाहर रहते थे। सेल्समैन के रूप में उन्होंने बहुत कुछ सहा था और बहुत कुछ देखा था। वे अनुभव उनके जीवन में इस तरह पैबस्त हो गये थे कि उन्होंने सुमति को कभी किसी बन्धन में नहीं बाँधा, पर यह अवसर अवश्य दिया था कि वह उनकी प्रगति की, उनकी इच्छा-शक्ति की, उनके अदम्य साहस की सदा साक्षी बनी रहे। बेटों से अधिक सुमति उनके प्यार की और उनके दायित्व की अधिकारिणी थी।

सुमति में एक अद्भुत गुण था। उसने एक बार पिता की दृष्टि के लक्ष्य को पहचाना तो फिर कभी पीछे मुड़कर नहीं देखा। स्वतन्त्रता की सीमाएँ स्वीकार करके भी उसने लड़की और लड़के के अन्तर को सदा के लिए समाप्त कर दिया था। पिता की अदम्य इच्छा-शक्ति और मानवीय सम्वेदना को उसने आत्मसात् कर लिया था। पिता भी उसे पहचान गये थे और कहा करते थे—सुमति मेरा तीसरा बेटा है।

कभी-कभी कोई बेटा कह देता—पापा, आप सुमति को बहुत सिर चढ़ा रहे हैं। माँ तो अकसर कहती कि आप सुमति को कुछ अधिक ही चाहते हैं।

मुसकरा देते पिता। दो क्षण बाद दीर्घ श्वास छोड़कर कहते, 'मेरे पास क्या है प्यार के सिवा देने को। मैं तो महीने में बीस दिन बाहर रहता हूँ।'

माँ एकदम कह उठती, "मैंने क्या कभी शिकायत की है? क्या मैं जानती नहीं हूँ...।'

'क्या नहीं जानती।'

यही कि बीस दिन की व्यथा दस दिन में बाँध तोड़ देती है, प्यार बनकर। पर मेरी बात...।

पिता ने उत्तर दिया, वैसे ही, न जाने कहाँ से, 'मैं ऐसी गलती नहीं कर सकता। यह तो वही है जो मुझे धोखा दे जाती है और मैं भूल जाता हूँ...।'

बेटा हँस पड़ता यह सुनकर, 'बस, बस, रहने दो पापा, बहुत बेवकूफ मत बनाओ। वह बहुत चालाक है।'

पिता उत्तर देते, 'तुम्हें चालाक बनने से मैंने कब रोका...?' फिर दो क्षण रुककर कहा, 'अच्छा बताओ, मैं भेद करता हूँ क्या तुम तीनों में?'

इस बात का उत्तर कोई नहीं दे पाता। पर सुमति देती थी, उन्हें अधिक प्यार करके। उन्हें वह खिजाती न हो, ऐसा नहीं है; लड़ती भी थी इस तरह कि उन्हें पता ही नहीं लगने देती थी कि वह उन्हें कितना प्यार करती है।

कभी-कभी माँ अभिभूत हो उठती और पति के पास लेटे-लेटे कहती, 'अपनी सुमति को देखती हूँ तो डर जाती हूँ।'

'क्यों, यह डर कहाँ से आ गया?'

'उसके योग्य लड़का मिलेगा, उसकी कद्र करनेवाला?'

पिता अदम्य विश्वास से उत्तर देते, 'वह स्वयं ढूँढ़ लेगी अपना जीवन-साथी। उसकी अदम्य इच्छा-शक्ति देखी है, देखी है उसके नेत्रों की ज्योति, उसे कोई नहीं ठग सकता।'

आश्वस्त माँ धीरे से कहती, 'ऐसा ही हो, भगवान् करे ऐसा ही हो।'

3

बस तीव्र गति से दौड़ रही थी और उसी गति से अन्धकार वातावरण पर अधिकार करता चला जा रहा था। इधर की ओर बस्तियाँ काफी दूर-दूर पर बसी हुई थीं और अपने आकार तक ही सीमित थीं; शेष

दुनिया उनके लिए होकर भी नहीं थी।

इसलिए जैसे-जैसे बस आगे बढ़ती थी, वातावरण मौन और निर्जन होता जाता था। जब सुमति के मित्र और साथी का स्टैण्ड आया तो सन्नाटा सहस्र जिह्वा से बोलने लगा। ड्राइवर और उसका एक साथी काफी देर से फुसफुसा रहे थे। उन्होंने कण्डक्टर को भी सब कुछ समझा दिया था। अन्धकार को चीरकर कोई देख पाता तो वहाँ बल्ब के मन्द प्रकाश में उनके चेहरों पर कुटिल मुसकान खेल रही थी।

सहसा बस एक झटके के साथ रुकी। कण्डक्टर ने कहा, “उतरिए जनाब, आपका बस स्टैण्ड आ गया।”

उस समय बस में केवल दो प्राणी थे—सुमति और उसके कॉलेज का सहपाठी सौमित्र। सुमति बी.ए. के अन्तिम वर्ष में थी और सौमित्र एम.ए. के। वे दोनों सारी स्थिति का आकलन कर चुके थे। इस ओर नितांत अनभिज्ञता प्रकट करते हुए सौमित्र ने सहज भाषा में कहा, “मैं इनके साथ अगले स्टैण्ड पर उतरूँगा।”

ड्राइवर बोल उठा, “लेकिन फिर हमें दोष मत दीजिए।”

“दोष कैसा, आप मुझे वहाँ तक का टिकट दे दीजिए। मुझे सचमुच वहीं उतरना है।”

“वह तो हम देख रहे हैं, बहुत घुट-घुटकर बातें हो रही हैं।”

सौमित्र अब तक वातावरण की गन्ध को पहचान गया था। तीव्रता से बोला, “तुम कौन होते हो हमारी चिन्ता करनेवाले? लगता है तुम्हारे ही मन में कुछ पक रहा है।”

कण्डक्टर हँसा, “क्या पक रहा है, अभी बताते हैं।”

तभी ड्राइवर ने बड़ी तेजी से बस को बाईं ओर मोड़ दिया। सुमति एकदम चिहुँक उठी, “इधर कहाँ जा रहे हो?”

ड्राइवर के साथी ने उत्तर दिया, “ आपको पकी खीर खिलाने।”

सौमित्र की आँखों में शोले भड़क उठे। उसने तीव्र स्वर में कहा, “खैर चाहते हो तो बस को यहीं रोक दो।”

“स्टेशन पर रुकेंगे।”

“इधर कोई स्टेशन नहीं है,” सुमति बोल उठी, “जाहिर है तुम कोई शरारत करना चाहते हो; लेकिन...।”

वह आगे कुछ कहती कि बस वेग के साथ रुक गयी। तीसरा अनाम व्यक्ति मुसकराते हुए सुमति को बाँहों में भरने के लिए आगे बढ़ा और ड्राइवर ने कण्डक्टर के साथ मिलकर सौमित्र को बस के नीचे धकेलने की कोशिश की। लेकिन क्षण के सहस्रवें भाग में स्थिति कुछ-से-कुछ हो गयी। सुमति ने उनको आश्चर्य में डालते हुए उछलकर कराटे का जो दाँव मारा तो वह अनाम व्यक्ति बस के बाहर नीचे जा पड़ा। सुमति उसके ऊपर थी। अनाम व्यक्ति ने उठना चाहा पर सुमति के बन्धन से मुक्त नहीं हो सका। सुमति ने तब उसकी नाक पर जोर से घूँसा मारा, वह उस प्रहार को न सह सका और बेहोश हो गया।

तब वह तुरन्त सौमित्र की सहायता को आयी और कराटे का वही पेच मारकर ड्राइवर को नीचे गिरा दिया। इससे पहले कि वह उठता, उसने दूसरा पेच मारा। कण्डक्टर ने सुमति का वह उग्र रूप देखा तो चीखता हुआ वहाँ से भाग निकला। तभी सामने से एक जीप आती हुई नजर आयी और सौमित्र ने ऊँचे स्वर में 'मदद, मदद' की पुकार की। दो क्षण में जीप वहाँ थी—वह पुलिस की जीप थी।

अगले दिन सुमति की कहानी समाचार-पत्रों में विस्तृत रूप में प्रकाशित हुई। उसके और सौमित्र के चित्र भी थे। दोनों के साहस के सभी ने गुण गाये। उनके पास बहुत-से व्यक्तियों के पत्र भी आये, जिनमें उनकी निडरता की सराहना की गयी थी। लेकिन सुमति के घर पर जो दृश्य देखने में आया, उसे शब्द नहीं दिये जा सकते। काफी अँधेरा हो जाने पर भी जब वह घर नहीं लौटी तो माँ की चिन्ता का पार नहीं था। उस समय न तो सुमति के पिता घर में थे, न दोनों भाई। इसलिए वह और भी परेशान थी कि सहसा घर के आगे जीप के रुकने की आवाज उसके कानों में पड़ी। वह दौड़ती हुई आयी और दरवाजा खोल दिया। सबसे पहले उसकी दृष्टि पुलिस इंस्पेक्टर पर पड़ी, फिर उसने देखा सुमति और सौमित्र को। वह घबरा गयी। लगा, जैसे बेहोश हो जायेगी; लेकिन तभी पुलिस इंस्पेक्टर ने आगे बढ़ते हुए कहा, "बहनजी, आपको बहुत-बहुत बधाई। आपकी बेटी ने तो आज बड़े-बड़ों को पराजित कर दिया।" माँ अब और भी हकबका गयी कि तभी सुमति ने आगे बढ़कर उसको सँभाल लिया। बोली,

"माँ, डरने की कोई बात नहीं, सब कुछ ठीक है।"

और उसके बाद सौमित्र और पुलिस इंस्पेक्टर ने सारी घटना का विस्तार से वर्णन किया तो उसकी खुशी का पारावार न रहा। तब तक सारे मोहल्ले में बात फैल चुकी थी और उनका घर प्रशंसकों से भर चुका था।

दोनों भाई भी आ चुके थे और वे सब सुमति की ओर ऐसे देख रहे थे जैसे वह किसी और लोक की रहनेवाली हो। तभी इंस्पेक्टर ने कहा, "अच्छा, अब मैं चलता हूँ। कल एक बार फिर आपको पुलिस स्टेशन आना होगा, तीनों की पहचान करने के लिए।"

माँ ने एकदम कहा, "आप ऐसे नहीं जा सकते। मैं अभी तुरन्त चाय तैयार करती हूँ।"

लेकिन चाय तो पहले ही तैयार हो चुकी थी और उसके साथ मिठाई भी थी। उनके जो निकट के पड़ोसी थे, सुमति उन्हें बहुत प्रिय थी, इसलिए उन्होंने बिना कहे ही सब प्रबन्ध कर दिया था। उन क्षणों में उस घर में ऐसा लग रहा था जैसे हर्ष और उल्लास की सरिताएँ आनन्द के महासागर में विलीन हो रही हों।

इस सबके बीच वह यह भी नहीं भूली थी कि सुमति और सौमित्र दोनों के काफी चोट आयी है। उसने एक बेटे को तुरन्त डॉक्टर को बुलाने के लिए भेज दिया। लेकिन उस वातावरण में सुमति और सौमित्र को उन चोटों का जरा भी अहसास नहीं था, फिर भी डाक्टर ने उन्हें देखा और इंजेक्शन देकर मरहम-पट्टी की, खाने के लिए दवा भी दी।

जब सब कुछ शान्त हो गया तो माँ ने सौमित्र की ओर प्रशंसा के भाव से देखते हुए कहा, "बेटा, भाग्य से तुम साथ थे, नहीं तो जाने क्या होता!"

सौमित्र ने मुसकराकर उत्तर दिया, "नहीं माताजी, अगर यह मेरे साथ न होतीं तो न जाने मेरा क्या होता।"

सुमति लजा गयी। सब लोग एक अज्ञात आनन्द से खिलखिला उठे।

रात को टी.वी. पर समाचारों के तुरन्त बाद पड़ोस के घर से

सूचना आयी कि सुमति के पिताजी का फोन है।

तुरन्त वे सब वहाँ पहुँचे। सबसे पहले माँ ने फोन उठाया और बोली, "आपकी सुमति ने तो आज कमाल कर दिया। सोचती हूँ, आप कितना ठीक कहा करते हो!"

उधर से उत्तर मिला, "तुम, 'आपकी सुमति' क्यों कहती हो, तुम्हारी नहीं है क्या? वह कहाँ है, बुलाओ उसे।"

फोन सुमति के हाथ में था, बोली, "पिताजी, आप चिन्ता मत कीजिए, मैं बिलकुल ठीक हूँ।"

"पगली कहीं की, मैं चिन्ता करूँगा? मेरी तो खुशी की सीमा नहीं है। मुझे तो तुम पर गर्व है। शब्दों में क्या कहूँ, मेरे मन का भाव तो तू जानती ही है। जल्दी ही लौट रहा हूँ। और हाँ, सौमित्र अभी क्या यहीं है?"

"नहीं पिताजी, वह तो चले गये।"

उधर से उत्तर आया, "उसे बुलाकर मेरा बहुत-बहुत प्यार कहना और देखो, जो हुआ वह ठीक हुआ, वही होना चाहिए था। लेकिन इसी कारण अपने को भूल जाना ठीक नहीं होगा, समझ गयी न?"

"जी, पिताजी, आपकी बेटी हूँ।"

उधर से बहुत जोर की हँसी की आवाज आयी और फोन बन्द हो गया।

उस रात देर तक वे इस घटना का विश्लेषण करते रहे। उन सबके मन गर्व से भरे हुए थे। लेकिन इस सबके बीच माँ के मन में एक विचार रह-रहकर कौंध जाता था। सौमित्र कितना अच्छा लड़का है। कितना सुशील और विनम्र। जैसे विधाता ने उसे सुमति के लिए ही बनाया हो। क्या यह सम्भव है? क्या उनका विवाह हो सकता है? दोनों की जाति अलग-अलग है; लेकिन आजकल तो...

कैसा विचित्र है यह मन ! कहाँ-से-कहाँ छलाँग लगा लेता है। कुछ-से-कुछ सोचने लगता है।

यही बात सुमति के भाइयों के मन में भी थी और यह कौन कह सकता है कि सुमति के मन में यह विचार नहीं आया था। बड़ा छलिया है यह मन।

4

सुमति के पिता सचमुच इस बार जल्दी लौट आये। उनकी फर्म के मालिकों ने भी यह समाचार सुन लिया था। उन्होंने भी उन्हें बधाई भेजी। अनेक युवकों ने सुमति को उपहार भी भेजे; लेकिन उसके पिताजी के मन में एक ही बात बार-बार उभर रही थी कि सुमति का विवाह सौमित्र से हो सकना क्यों सम्भव नहीं है। क्या यह बात उन दोनों के मन में नहीं आयी होगी? मैं पहल नहीं करूँगा। राह देखूँगा उनकी प्रतिक्रिया की।

फिर कई दिन बीत गये। दोनों पूर्ण स्वस्थ थे और प्रायः मिलते थे; लेकिन अब मिलने का रूप वह नहीं रह गया था जो पहले था। अब वे दृष्टि चुराकर एक-दूसरे को आनन्द और उल्लास के भाव से देखने का अवसर नहीं चूकने देते थे। सौमित्र ने तो निश्चय कर लिया था—यदि वह विवाह करेगा तो सुमति से, नहीं तो....

लेकिन वह सुमति को अच्छी तरह जानता था। इसलिए उसके मन में कभी-कभी यह आशंका आ जाती थी कि उसने यदि सुमति से यह प्रस्ताव किया तो वह अस्वीकार कर सकती है, क्योंकि वह अपनी स्वतन्त्र सत्ता में पूर्ण विश्वास रखती है। इसलिए कभी-कभी ऐसा होता कि वह साहस करके कुछ कहना चाहता, लेकिन सहसा चुप हो जाता। सुमति मुसकराकर उसकी ओर देखती, परन्तु कहती कुछ नहीं। लेकिन आश्चर्य, एक दिन वह अपने को ठगती हुई सहसा बोली, "सौमित्र, तुम कुछ कहना चाहते हो, कहते क्यों नहीं?"

सौमित्र ने धीरे से कहा, "जो कुछ मैं कहना चाहता हूँ वह तुम जानती हो?"

"पता नहीं मैं जानती हूँ या नहीं, लेकिन तुम्हारे मुँह से सुनना चाहती हूँ।"

सौमित्र ने उसकी आँखों में झाँकते हुए उत्तर दिया, "क्या केवल शब्द ही किसी के मन की बात को कहने की क्षमता रखते हैं, कुछ और नहीं? भाषा तो भावों को व्यक्त करने के लिए अभी बहुत अपूर्ण है।"

सुमति ने इस बार सौमित्र पर एक गहरी दृष्टि डाली और फिर धीरे से उसका हाथ दोनों हाथों में थामकर चूम लिया और स्पष्ट स्वर में बोली, "यदि मैं ठीक समझी हूँ तो मुझे तुम्हारा प्रस्ताव सहर्ष स्वीकार है।"

उसके बाद कहने को शेष था ही क्या? बिना कहे उन्होंने सब कुछ कह दिया था।

और फिर एक दिन सुमति ने पिताजी से स्पष्ट शब्दों में कहा, "पिताजी, आपको आपत्ति न हो तो मैं सौमित्र को अपना जीवन-साथी बनाना चाहती हूँ।"

पिताजी ने किंचित् कठोर शब्दों में उत्तर दिया, "मुझे घोर आपत्ति है। तुमने अब तक यह बात मुझे क्यों नहीं बतायी...और सौमित्र, कहना तो उसे चाहिए था।"

इसके बाद एक बार फिर उनके छोटे-से घर में आनन्द का समुद्र किनारे छूने को मचल उठा। लेकिन विवाह सुमति ने तभी किया जब वह एम.ए. पास कर चुकी। तब तक सौमित्र एक फर्म में डिप्टी मैनेजर बन चुका था।

विधाता है या नहीं, लेकिन कुछ ऐसा अवश्य है जिसके बारे में हम कुछ नहीं जानते। कुछ ऐसा घट जाता है कि हम उसके कारण को समझ ही नहीं सकते। उन दोनों का विवाह हुआ। परिपाटी के अनुसार नहीं बल्कि कचहरी में जाकर। उसके बाद सामर्थ्य के अनुसार एक शानदार पार्टी का आयोजन किया गया।

समय अपनी अबाध गति से चलता रहा। दो वर्ष बाद उनके घर एक पुत्र का जन्म हुआ। सौमित्र का परिवार विजातीय होने पर भी सुमति के व्यवहार से इतना प्रभावित हुआ कि सभी लोग उसे बहुत चाहने लगे थे। दूसरे शब्दों में यह भी कहा जा सकता है कि उसका बहुत आदर करते थे। एक कारण यह भी था कि सौमित्र की माता का पहले ही देहान्त हो चुका था। उसके परिवार में उसके पिता थे, महादेव प्रसाद मित्तल, जो नौकरी से अवकाश प्राप्त करके पेंशन पा रहे थे। एक सौमित्र की छोटी बहन मोनिका थी, जो कॉलेज में पढ़ रही थी। मोनिका उतनी ही स्वतन्त्र थी जितनी सुमति। लेकिन

दोनों के स्वभाव में एक बहुत बड़ा अन्तर था। सुमति जहाँ अपनी स्वतन्त्र सत्ता के सहारे अपना जीवन जीना चाहती थी, वहाँ मोनिका घर में माँ के न रहने के कारण स्वतन्त्रता का कुछ और ही अर्थ लगाती थी। 'अपनी स्वतन्त्र सत्ता' जैसे शब्दों से उसका कोई परिचय नहीं था। स्वतन्त्रता उसने चाही नहीं थी, उसे वह अनायास ही मिल गयी थी। इसलिए वह उसके सही अर्थ नहीं समझती थी और एक सीमा तक उच्छृंखल भी हो गयी थी।

सुमति ने यह सब कुछ देखा। लेकिन उसने मोनिका के साथ ऐसा व्यवहार नहीं किया, जिससे उसे लगे कि उसकी भाभी उस पर शासन करना चाहती है। लेकिन वह समय-समय पर नारी की स्वतन्त्र सत्ता का अर्थ उसे समझाती रहती थी, इसलिए और भी कि मोनिका के मित्र जो युवक-युवतियाँ थे, सुमति की दृष्टि में चरित्र शब्द का अर्थ भी नहीं समझते थे, स्वतंत्र सत्ता का अर्थ तो दूर की बात है। इसलिए उसे आश्चर्य नहीं हुआ जब मोनिका ने उसे बताया, "भाभी, मुझे लगता है कि मधुरिमा नाम की लड़की जो मेरे साथ पढ़ती है, वह 'कॉल गर्ल' है।"

सुमति ने शान्त स्वर में उत्तर दिया, "जानती हूँ।"

मोनिका चकित-सी भाभी को देखती रह गयी, "मैं नहीं जानती थी और आप जानती थीं?"

हँस पड़ी सुमति, "अपनी-अपनी दृष्टि का अन्तर है। मैं तो यह भी जानती हूँ कि वह 'कॉल गर्ल' बनने पर विवश क्यों हुई।"

मोनिका और भी चकित हुई, "आप यह भी जानती हो, कैसे?"

सुमति बोली, "मुझे उसके व्यवहार के कारण उस पर सन्देह था। मैं एक दिन उसके घर गयी। उनकी आर्थिक स्थिति बहुत खराब है। और क्या तुम विश्वास करोगी कि वह अपने माता-पिता की सहमति से यह काम करती है।"

मोनिका हठात् ठगी-सी भाभी की ओर देखती रह गयी, बोली एक शब्द भी नहीं। सुमति ने फिर कहा, "ये सब बातें तुम्हें मधुरिमा को नहीं बतानी हैं। न कोई ऐसा काम करना है, जिससे उसे सन्देह हो। मैं इस प्रयत्न में हूँ कि किसी तरह उनको आर्थिक संकट से

उबारा जाये और इस अभागी लड़की को नया जीवन दिया जाये।"

उस दिन से मोनिका डर गयी। उसने मधुरिमा से बचने का हर प्रयत्न किया, लेकिन जिस वातावरण में वह रह रही थी उसमें उसके लिए ऐसा करना सम्भव नहीं था। वह स्वयं एक युवक से, जो उसके कॉलेज में पढ़ता था, प्रेम करने लगी थी। और उसे विश्वास भी था कि किशोर, जो उसका प्रेमी है, उससे अवश्य विवाह कर लेगा। उसने उसे वचन भी दिया था, कहा था, 'मोनिका, मैं यह सोच भी नहीं सकता कि कोई और लड़की मेरी पत्नी हो सकती है। मैं निश्चय ही एक दिन तुम्हारे पिताजी के पास जाऊँगा और उनसे तुम्हारे हाथ की याचना करूँगा।'

मोनिका ने उत्तर दिया, 'नहीं तुम्हें पहले मेरी भाभी से बात करनी होगी। वे ही हमारे घर की स्वामिनी हैं और बहुत अच्छी भी हैं। वे नारी स्वतन्त्रता की प्रबल समर्थक हैं।'

किशोर ने कहा, 'तब तुम ही उनसे क्यों नहीं कहतीं?'

'मैं निश्चय ही कहूँगी, लेकिन पहले तुम परीक्षा तो पास कर लो और कहीं काम भी ढूँढ़ लो।'

किशोर बोला, "काम तो मेरे पास है। परीक्षा पास करते ही मैं यहाँ के जाने-माने प्रकाशक 'देवेश प्रकाशन' में काम करने लगूँगा। मेरी उनसे बात भी हो चुकी है।'

मोनिका बोली, 'तब तो मैं उचित अवसर पाकर अवश्य कहूँगी।'

मोनिका सचुमच किशोर को प्यार करने लगी थी और यह भी मानती थी कि किशोर भी उसे उतना ही चाहता है; इसलिए वह आश्वस्त थी।

एक दिन किशोर ने बहुत धीरे-से उससे कहा, 'पिताजी का पत्र आया है। वे किसी आवश्यक काम से मुझे बुला रहे हैं। मैं आज रात की गाड़ी से घर जा रहा हूँ। परीक्षाएँ भी समाप्त हो चुकी हैं। लेकिन तुम विश्वास रखो, मैं अवश्य आऊँगा; तब तक तुम अपनी भाभीजी से बात कर लेना।'

मोनिका सहसा सकपका गयी, 'तुम सच कह रहे हो, तुम लौट आओगे?'

‘हाँ, हाँ, मैं सच कह रहा हूँ, मैं लौटकर जरूर आऊँगा।’

‘मुझे डर लगता है।’

‘क्यों?’

‘मैं नहीं जानती, इस क्यों का क्या अर्थ है, और डर का क्या रूप है, पर मुझे लगता है कि तुम मुझसे कुछ छिपा रहे हो।’

किशोर जोर से हँस पड़ा, ‘पगली कहीं की, मैं तुमसे छिपाऊँगा मैं जल्दी-से-जल्दी लौटूँगा। आखिर जहाँ मुझे काम करना है वह प्रकाशक इसी नगर में है।’

मोनिका ने अब कुछ उत्तर नहीं दिया।

मोनिका सोच रही थी; लेकिन उसके मन में शंका कुण्डली मारकर बैठ गयी थी। उसने उसी रात सब बातें सुमति को बता दीं।

सुमति हँस पड़ी। “मैं जानती थी, मैंने उसकी आँखों में यह सब कुछ देख लिया था।”

मोनिका एकाएक बिलख उठी, “भाभी! कुछ भी हो, मैं उसके बिना नहीं रह सकती। तुम्हें अवश्य मेरी मदद करनी होगी।”

“मदद तो मैं तब करूँगी जब वह लौटकर आयेगा।”

“क्या तुम समझती हो वह नहीं आयेगा?”

“हाँ, नहीं आयेगा।”

सुमति ने उस समय तो कुछ नहीं कहा, लेकिन रात को स्पष्ट शब्दों में उसे बता दिया, “किशोर के जाने का कारण वह नहीं है जो उसने बताया है, कारण कुछ और है।”

“क्या है? वह क्या है?”

“उसे यहाँ से दहेज मिलने की आशा नहीं है।”

“नहीं, नहीं भाभी, आप गलती पर हैं। उसे दहेज नहीं चाहिए। उसने बार-बार मुझसे यही कहा, वह मुझे चाहता है।”

“बहुत से लोग यही कहते हैं, फिर एक दिन चुपचाप अपने माता-पिता के आगे सिर झुका देते हैं।”

“भाभी, किशोर ऐसा नहीं है।”

“भगवान् करे तुम्हारी बात सत्य हो। जब उसका पत्र आये तो मुझे बताना।”

सुमति ने ये सब बातें सौमित्र को बता दीं और कहा, "तुमने और पिताजी ने मोनिका की चिन्ता नहीं की। उसकी इच्छाएँ पूरी कीं। उन इच्छाओं का क्या रूप था, यह कभी जानने की कोशिश नहीं की।"

सौमित्र ने उत्तर दिया, "तुम ठीक कहती हो, पर हम कर ही क्या सकते थे? परिवार में और कोई नारी नहीं थी। और उसने हमें कभी शंका करने का अवसर भी नहीं दिया।"

सुमति हँस पड़ी, "अवसर दिया नहीं जाता, अवसर को देखने के लिए दृष्टि चाहिए। खैर, तुम चिन्ता मत करो, मैं हूँ, सब सँभाल लूँगी।"

सौमित्र को लगा जैसे वह उस समय बहुत छोटा हो गया है। सुमति उसे कितना प्यार करती थी, और वह भी उसे कितना चाहता था, इसलिए उनके बीच में गलतफहमी होने की आशंका नहीं थी। आशंका बस मोनिका को लेकर थी। पिता वृद्ध थे, उनसे ये सब बातें कहने का कोई अर्थ नहीं था। ये सब बताकर उन्हें दुखी नहीं करना चाहते थे। उनका दुःख उनके लिए बाधा ही बन सकता था। इसलिए सुमति सौमित्र को आश्वस्त करती हुई एक बार फिर बोली, "कहा न, मैं हूँ यहाँ।"

सौमित्र मुसकराया, "तुम्हीं तो हो यहाँ।"

सुमति फिर हँस पड़ी और उसे अपने आलिंगन-पाश में बाँधती हुई बोली, "मुझे गैर समझते हो क्या, चली जाऊँ?"

सौमित्र ने दोनों हाथ हवा में उछाले और बोला, "जाकर देखो।" और फिर दोनों खिलखिला पड़े।

उस रात सौमित्र बहुत देर तक अपने अन्तर के अन्धकार से लड़ता रहा और सोचता रहा, कैसी है यह सुमति, इसे कुछ छूता ही नहीं, अपने अन्तर में झाँकने का कभी अवसर ही नहीं देती।

सुमति ने उस समय किसी से कुछ नहीं कहा। उसे इस बात का भी बहुत डर नहीं था कि किशोर लौटकर नहीं आयेगा। डर था तो उसे इसी बात का कि मोनिका मधुरिमा को बहुत चहेती सहेली थी। उसके रहने-सहने के ढंग से, बातों से मोनिका निश्चय ही

प्रभावित थी और बनाव-शृंगार की भावना उसके अन्तर में निरन्तर जागती जा रही थी।

और एक दिन जब मधुरिमा ने एक विशेष स्थिति में उसके सामने यह प्रस्ताव रखा कि आज वह एक होटल में एक नृत्य-समारोह में जा रही है, क्या वह भी उसके साथ चलना पसन्द करेगी तो मोनिका ने धीरे कहा, "भाभी से पूछूँगी।"

मधुरिमा व्यंग्य से मुसकराई, "भाभी, भाभी, भाभी ! भाभी न हुई भगवान् हुआ। तुम सब भाभी के इतने गुलाम क्यों हैं?"

मोनिका बोली, "भाभी ऐसी नहीं है। वह किसी को गुलाम नहीं बनाती।"

"तब," मधुरिमा ने कहा, "इसमें पूछने की क्या आवश्यकता है? चलो मेरे साथ।"

यह चुनौती थी उसके स्वतन्त्र व्यक्तित्व को। मोनिका इस चुनौती को अस्वीकार नहीं कर सकी। उसने दृढ़ता से कहा, "ठीक है, मैं चलूँगी।"

और वह गयी, सज-धजकर गयी। लेकिन वहाँ का वातावरण देखकर एक बार तो उसे बहुत अच्छा लगा। नाना रूप प्रकाश, नाना रूप सजावट, संगीत की मधुरिमा और मन्त्रमुग्ध कर देनेवाले नृत्य। वह तो जैसे उसमें डूब गयी। लेकिन बीच में मधुरिमा उठकर अन्दर चली गयी और लगभग एक घण्टे बाद लौटी तब उसका रूप कुछ और ही था। उसकी आँखों में एक प्रकार की मादकता थी, उसके पैर लड़खड़ा रहे थे। मधुरिमा ने बहुत साहस करके अपने को सँभाला और मोनिका से कहा, "क्या तुम मेरे साथ अन्दर चलना पसन्द करोगी?"

मोनिका एकदम घबरा गयी। कहीं बहुत गहरे चेतावनी की घंटियाँ बज उठीं। उसने सकपकाकर कहा, "नहीं, नहीं, मैं अन्दर नहीं जाऊँगी, घर जाऊँगी।"

मधुरिमा ने कहा, "जाओ, लेकिन मैं तुम्हारे साथ नहीं जा पाऊँगी।"

मोनिका के सारे शरीर से पसीना छूटने लगा। मधुरिमा ने उस

सबको अनदेखा करते हुए कहा, "मेरा ड्राइवर तुम्हें छोड़ आयेगा।"

तभी सहसा उन दोनों को कँपाता हुआ एक स्वर उठा, "नहीं, इसे तुम्हारे ड्राइवर की जरूरत नहीं है, इसका अपना ड्राइवर हाजिर है।"

यह सुमति थी। उसने मोनिका के कन्धे पर हाथ रखते हुए कहा, "आओ चलें, देर हो रही है।" फिर मधुरिमा की ओर मुड़ी, "अच्छा तो यही होगा कि तुम भी अब घर जाओ। और सुनो, कल मैं तुम्हारे पास आऊँगी।"

लेकिन वह कल फिर कभी नहीं आया। उनके जाने के कुछ ही क्षणों बाद वहाँ पुलिस ने छापा मारा और मधुरिमा समेत तीन कॉल गर्ल पकड़ी गयीं।

अगले दिन समाचार-पत्रों के प्रथम पृष्ठ पर बॉक्स में यह खबर छपी। उसके तीसरे दिन उन्हीं सामाचार-पत्रों में यह खबर भी छपी कि परसों जो तीन कॉल गर्ल पकड़ी गयी थीं उनमें से मधुरिमा नाम की एक लड़की, जो जमानत पर छोड़ दी गयी थी, ने अपने मकान की सबसे ऊपरी मंजिल से कूदकर आत्महत्या कर ली।

उसकी जमानत सुमति ने करवाई थी।

सुमति सचमुच बिलख-बिलखकर रो रही थी, "काश! मैं उसकी जमानत न करवाती। मेरे दिमाग में यह बात पहले क्यों नहीं आयी, क्यों नहीं आयी!"

उसके अन्तर में दर्द का भूचाल बार-बार आ-जा रहा था। सौमित्र ने उसे सांत्वना देते हुए बड़े प्यार-भरे शब्दों में कहा, "इसमें तुम्हारा कोई अपराध नहीं, सुमति।"

बीच में उसे टोककर सुमति बोली, "अपराध है। मैंने मधुरिमा के हृदय में पश्चात्ताप की आग सुलगती देखी थी और वह उस आग को नहीं सह सकी, उसने प्राण दे दिये।"

सौमित्र धीरे-धीरे उसकी कमर पर हाथ फेरता रहा। बोलता रहा, "कभी-कभी हम यह कल्पना भी नहीं कर सकते कि हम किसी के साथ भलाई करते-करते उसका अनिष्ट कर बैठते हैं, अनजाने, अनचाहे। लेकिन अब क्या हो सकता है? पर एक बात तो निश्चय

ही हुई है, मोनिका के हृदय में भी पश्चात्ताप की अग्नि धधकेगी और वह उस मार्ग की ओर भूलकर भी कदम नहीं रखेगी।"

सुमति ने धीरे से कहा, "जानती हूँ, पर मधुरिमा का अनिष्ट तो हो ही गया।"

सौमित्र ने कहा, "क्या तुम यह नहीं मानोगी कि कभी-कभी अज्ञान का बलिदान इसी तरह होता है।"

सुमति तब तक कुछ शान्त हो चुकी थी, धीरे-धीरे बोली, "शायद तुम ठीक कहते हो, पर मैं मधुरिमा को बचाना चाहती थी, उसका बलिदान करना नहीं चाहती थी।"

कई दिन लगे उसको सँभलने में; पर इस बीच वह मधुरिमा के घर जाती रही। वह उसके माता-पिता के लिए कोई स्थाई प्रबन्ध कर देना चाहती थी। उसने मधुरिमा की माँ के लिए कपड़ा सिलने की एक मशीन मँगवा दी, जिसके सहारे वह किसी-न-किसी तरह जीवन-यापन कर सकें। उसके पिता के लिए सौमित्र से अपनी फर्म में कुछ काम खोजने के लिए कहा।

जो कुछ वह कर सकती थी किया; लेकिन उसके लिए समस्याओं का अन्त नहीं था। मोनिका बेहद उदास और खोई-खोई-सी रहती थी, पर उसे अब भी यही विश्वास था कि किशोर एक दिन लौट आयेगा।

लेकिन वह नहीं आया। आया उसका एक लम्बा पत्र। बड़ा विचित्र था वह पत्र। उसमें उसने लिखा था—

मोनिकाजी,

मैं जानता हूँ कि अब मुझे तुम्हें प्रिय कहने का अधिकार नहीं रहा और यह भी जानता हूँ कि यह पत्र पढ़कर तुम स्तब्ध रह जाओगी। तुम्हें सम्भवतः यह विश्वास भी नहीं होगा कि मेरे जैसे व्यक्ति भी इस धरती पर रहते हैं। बड़ी विचित्र है यह दुनिया। जो है वह दिखती नहीं है; जो दिखती है, वह है नहीं। दिखने और होने का यह द्वंद्व किसी-न-किसी रूप में सारी दुनिया में व्याप्त है।

ये पंक्तियाँ पढ़ते-पढ़ते शायद तुम झुँझला उठोगी कि आखिर मैं कहना क्या चाहता हूँ। स्पष्ट शब्दों में सुनना चाहती हो तो सुनो,

मैंने अपने गाँव आने का जो कारण बताया था, वह सरासर झूठा था। मैं जानता था, मेरे पिताजी ने मुझे क्यों बुलाया है। उन्होंने किसी और परिवार में मेरा विवाह निश्चित कर दिया था। वहाँ से ढेर सारा दहेज मिलने वाला था और मिला भी, क्योंकि मैंने उनके द्वारा पसन्द की गयी लड़की से विवाह कर लिया है। लड़की अच्छी है–साधारण, बहुत सुन्दर नहीं है, पढ़ी-लिखी तुमसे कम ही है; पर सुघड़ है और मेरी गृहस्थी अच्छी तरह चला सकती है।

आज के समाज में व्यक्ति यही तो चाहता है–एक अदद औरत जो गृहस्थी का भार ढो सके, पत्नी का, माँ का, गृहिणी का दायित्व निभा सके और ढेर सारा दहेज ला सके, जिसके सहारे वह शालीनता का मुखौटा लगाकर समाज में अपनी प्रतिष्ठा स्थापित कर सके। वह सब हो गया है और इसलिए मैं प्रसन्न हूँ।

क्या सचमुच प्रसन्न हूँ? 'यह प्रश्न' अगर मैं तुमसे मिलता तो तुम निश्चय ही पूछतीं। लेकिन प्रसन्नता के सबके अपने-अपने अर्थ हैं। मैं यह तो नहीं कह सकता कि मैं बहुत प्रसन्न हूँ, लेकिन सन्तुष्ट अवश्य हूँ। मेरी अप्रसन्नता का कारण कुछ है तो यही कि मैंने तुम्हें धोखा दिया। लेकिन जो मनुष्य जान-बूझकर धोखा देता है, वह क्या सचमुच अप्रसन्न होता है।

मोनिका, सच तो यह है कि मैं स्वयं नहीं जानता कि मैं प्रसन्न हूँ या अप्रसन्न, सन्तुष्ट हूँ या असन्तुष्ट; लेकिन शिकायत करने का कारण भी मुझे ढूँढ़े नहीं मिलता; क्योंकि मैंने जान-बूझकर विश्वासघात किया है। अन्धकार की सहस्रों परतों को उधेड़ता हुआ यह सत्य मुझ पर निरन्तर प्रकट होता जा रहा है। अपने अन्तर में कहीं-न-कहीं मैं अपने को दोषी मानने के लिए विवश हूँ। इस विवशता का अब क्या अर्थ है! इच्छा से या अनिच्छा से मैं वहाँ पहुँच गया हूँ जहाँ से वापस लौटना सम्भव नहीं। कह सकते हैं कि नदी का पुल टूट गया है। वह पुल ही तो मुझे तुमसे जोड़े हुए था; अब पुल नहीं है तो मिलन का दम्भ कैसा!

तुमसे मैं क्षमा भी तो नहीं माँग सकता। कभी-कभी यह सोच बैठता हूँ कि यह साहस मुझमें तब क्यों नहीं पैदा हुआ, जब मैं तुमसे

विदा ले रहा था। यह सब तुरन्त ही नहीं घट गया था; कई महीने पहले से इसकी गन्ध मुझे परेशान कर रही थी। पर मुझमें इतना साहस नहीं था कि मैं तुमसे अपने पिताजी से इस सम्बन्ध में कुछ कह सकता। मैंने सब कुछ सहज भाव से स्वीकार कर लिया जैसे तुम्हारा कोई अस्तित्व ही नहीं था; था तो एक खिलौने के रूप में, जिसके साथ खेला ही जा सकता है और जब जी चाहा तो तोड़ा भी जा सकता है।

मैं यह ऊटपटाँग दर्शन क्यों बघार रहा हूँ जिसका आदि सत्य है न अन्त। यह सब कहकर क्या स्वयं को दोषमुक्त कर पाऊँगा? नहीं मोनिका, मैं निर्दोष नहीं हूँ। मैं झूठा हूँ, मक्कार हूँ और सबसे बढ़कर यह कि मैं कायर हूँ। जो भी कुछ हूँ, अब अन-हुआ, हुआ नहीं जा सकता। मैं यह सब कुछ इसलिए लिख रहा हूँ कि तुम दुखी न हो, बल्कि मुझसे घृणा करो। यह घृणा ही अब तुम्हें शक्ति दे सकती है। मैं तुम्हारे लिए कोई कामना नहीं कर सकता क्योंकि वह ढोंग होगा। तुम मेरे बारे में जो सोचना चाहो, सोच लो; पर एक बात अवश्य कहना चाहता हूँ—मुझको लेकर दुखी न होना, क्योंकि मैं इस योग्य प्रमाणित नहीं हुआ कि कोई मेरे अभाव को दुःख के रूप में स्वीकार कर सके।

अधिकार तो मुझे यह कहने का भी नहीं है, लेकिन मैं यह अनाधिकार चेष्टा करना चाहता हूँ, कहना चाहता हूँ कि मुझसे घृणा करना, मुझसे बदला लेने की चेष्ट करना; पर मेरे लिए दुखी मत होना।

अब इस झूठ को कहाँ तक लिखूँ। अन्त करूँ इस फरेब का। अब मैं अपने आपको 'तुम्हारा', कुछ भी नहीं कह सकता। मैं बस एक अनजान-सा इनसान हूँ जिसका नाम किशोर है। बस इतना ही... लेकिन यह 'इतना' कितना बनकर हमारे बीच रहा, यह मुझे पत्र लिखते-लिखते सूझा; पर क्या लाभ। खत्म करता हूँ भ्रष्टाचार के इस दावानल की कहानी को।

इति

9-10-92

मोनिका ने पत्र पढ़ा। पहले तो उसे लगा कि उसके दिल की धड़कन रुक जायेगी। कुछ समझ में ही नहीं आया कि वह क्या पढ़ रही है। वह एक दिन किशोर को दुनिया में अपनी सबसे प्यारी वस्तु समझती थी। क्या यह सब उसने लिखा है, क्या यह सब सच है? नहीं, नहीं, यह सच नहीं हो सकता।

लेकिन जैसे-जैसे वह आगे बढ़ती गयी, अक्षर धुँधलाते गये, अर्थ स्पष्ट होते गये, वैसे-वैसे ही उसके रोम-रोम में घृणा का आवेग उमड़ने लगा। उसने पत्र को फाड़कर चिन्दी-चिन्दी कर दिया और उसे तब तक जूतों से रौंदती रही जब तक वह धरती की मिट्टी के साथ एकाकार न हो गया। उसके बाद भागती हुई अपने कमरे में पहुँची और जो वस्तु सामने आयी, उसे पैरों से कुचलती हुई, ऐसे कुचलती हुई जैसे वह किशोर के अंग-अंग को कुचल रही है, बेहोश होकर अपने पलँग पर जा गिरी। उस समय उसके पिता के अतिरिक्त घर में और कोई नहीं था। वह किसी काम के लिए उसे आवाज देते हुए आये और उसे बेहोश पड़े देखकर एकदम घबरा गये। तुरन्त सुमति और सौमित्र को फोन किया, साथ ही डॉक्टर को भी।

कुछ ही क्षणों में उसका कमरा परिजनों और डॉक्टरों से भर गया। डॉक्टर केवल इतना ही बता सके कि उसे किसी बात से बेहद शॉक लगा है। सबने एक दूसरे की ओर देखा और आँखों-आँखों में पूछा—शॉक किस बात से? सहसा सुमति की दृष्टि एक लिफाफे पर पड़ी। एक साथ तीनों लोक जैसे उसकी आँखों में घूम उठे। तो उसका भय सच निकला! किशोर का पत्र आया और उसने निश्चय ही उस पत्र में यह लिखा होगा कि उसे परिवार के दबाव के कारण पिता के द्वारा चुनी हुई लड़की से शादी करनी पड़ी। तब उसका मन कुछ शान्त हुआ और उसने मोनिका का सिर अपनी गोद में रखकर धीरे-धीरे उसके हाथ और गाल सहलाने शुरू किये और कान में फुसफुसाती रही 'पगली कहीं की! मैं तो जानती थी और एक दिन तुझे मैंने संकेत भी किया था।'

उसने पिताजी तथा सौमित्र से भी कहा, "चिन्ता की कोई बात

नहीं। यह अभी थोड़ी देर में ठीक हो जायेगी।"

और सचमुच आधे घण्टे के बाद ही वह कुछ इन्जेक्शन के प्रभाव से, कुछ सुमति के स्नेह के प्रभाव से स्वस्थ हो आयी। उसने अपने चारों ओर पिताजी, भाई और सुमति को देखा। वह फफक-फफककर रो उठी और सुमति के गले से चिपक गयी, "भाभी, तुमने ठीक कहा था, लेकिन मैं कल्पना नहीं कर सकती थी कि वह इतना मक्कार और फरेबी होगा। उसने पत्र में फिलॉसफी बघारी है। धोखेबाज! बदमाश!! उसने विवाह कर लिया है; उसे एक अदद दासी और ढेर सारा दहेज मिल गया है।"

सुमति ने पूछा, "वह पत्र कहाँ है?"

"भाभी, वह इस योग्य नहीं था कि तुम सब उसे पढ़ते। मैंने सचमुच धूल में मिला दिया है उसके पत्र को और उसको भी।"

अब भाभी ने कुछ डाँटते हुए, कुछ हँसते हुए कहा, "अच्छा उठो, चलो अपना काम करो। अपना जीवन-साथी अपने आप चुनो। अगर तुममें इतनी बुद्धि नहीं है तो यह अधिकार मुझे दे दो। यह ऐसी बात नहीं है जिसके लिए इतना तूफान मचाया जाये।"

5

पता नहीं यह सत्य है या असत्य, लोग कहते हैं कि विधाता अपने प्रियजनों की परीक्षा लेते हैं। शायद यह मानने से उनके मन को सन्तोष मिलता हो। लेकिन विधाता हो या नियति, या प्रकृति हो, उसने सुमति को संत्रास देने में तनिक भी कमी नहीं की।

मोनिका को देखने के लिए जो डॉक्टर आये थे, उनमें डॉक्टर प्रभात भी थे। वह अभी स्थानीय हॉस्पिटल में डॉक्टर बनकर आये थे। जितने वह शान्त और सौम्य थे, उतने ही कुशल भी थे। उस दिन सुमति के व्यवहार को देखकर चकित रह गये थे। चलते समय यह कहना नहीं भूले, "आप यदि नहीं होतीं तो शायद मोनिकाजी इतनी जल्दी स्वस्थ न होतीं। भयंकर शॉक लगा था, "हृदय पर गहरा आघात। यह किसी भी असाध्य रोग में परिवर्तित हो सकता था।"

सुमति हँस पड़ी थी, "डॉक्टर साहब, लगता है आपने मनोविज्ञान भी पढ़ा है।"

"वह तो हम पढ़ते ही हैं, चूँकि लगभग सभी रोगों के मूल में मनोविज्ञान होता है।"

"ठीक कहते हैं आप, आपसे कभी फिर इस विषय पर बात होगी।"

और बातें हुईं और इतनी हुईं कि वह एक तरह से इस परिवार के सदस्य बन गये थे।

लेकिन सुमति तो विधाता को बहुत प्रिय थी, इसलिए उसको बार-बार किसी-न-किसी परीक्षा में डाल देते थे। इस घटना के बाद परिवार में एक घुटन अवश्य थी, लेकिन सब कुछ सहज रूप से बीत रहा था। सौमित्र के बूढ़े पिता तो सुमति के बिना न कुछ सोच सकते थे, न कुछ कर सकते थे। मोनिका से अधिक वह उस पर निर्भर थे। मोनिका धीरे-धीरे सब कूछ भूल रही थी। भूलना तो उसे नहीं कह सकते, लेकिन उसके जाने का उसे दुःख नहीं था, बल्कि एक प्रकार से उसने मुक्ति का ही अनुभव किया था। अगर हम दोनों विवाह के बन्धन में बँध जाते तो न जाने वह मेरे साथ कैसा व्यवहार करता। मनुष्य के भीतर न जाने कितने मनुष्य छिपे रहते हैं—अपनी खोल में भेड़िए के खूँखार पंजे छिपाये हुए।

सुमति निरन्तर किसी-न-किसी प्रवृत्ति से जुड़ी रहती थी। उसे अच्छी-से-अच्छी नौकरी मिल सकती थी, लेकिन वह नहीं चाहती थी कि वह अपने लिए जिये, इसलिए समाज में उसका अपना एक स्थान बन गया था।

ऐसा तो नहीं कि सौमित्र कभी अपने को उपेक्षित अनुभव न करते हों, लेकिन वह उससे विचलित नहीं होते थे और यही बात सुमति को उनके और पास ले आती थी। कभी-कभी सुमति भी अप्रसन्न हो जाती थी। एक-दो दिन तक उनके बीच में अबोल भी हो जाता था, पर उनका बेटा संदीप, जो अब सात वर्ष का होने को आया, उनके बीच में कभी कड़वाहट पैदा नहीं होने देता था। सच बात तो यह है कि उन दोनों में कभी कोई खटपट होती तो संदीप

को लेकर ही होती थी। सुमति को शिकायत थी कि सौमित्र संदीप की ओर पूरा ध्यान नहीं देता। सौमित्र उत्तर देते, "तुम्हारे रहते मैं इसकी चिन्ता करूँ? तुम्हारे कामों में मुझे दखल देना होगा?"

सुमति हँस पड़ती, "खुशामदी कहीं के, मीठे-मीठे शब्दों से अपने ऐब छिपाना चाहते हो।"

इस प्रकार की नोंक-झोंक जब-तब होती रहती थी, लेकिन उनका पारस्परिक सामंजस्य कभी नहीं टूटा।

उस दिन जब सौमित्र अपने कार्यालय जा रहे थे तो सुमति ने कहा था, "आप आज थोड़ा जल्दी आ सकते हैं?"

आश्चर्य से सौमित्र ने सुमति की ओर देखा, पूछा, "क्यों, क्या बात है?"

"कोई विशेष बात नहीं, लेकिन संदीप के लिए कुछ खरीदारी करनी है। उसकी सालगिरह आने वाली है, मैं उसे चकित करना चाहती हूँ।"

"तो फिर मैं इसमें क्या करूँगा?"

सुमति ने क्रोध का नाटक करते हुए उत्तर दिया, "इतने बड़े अफसर बन गये हो, पर इतना भी नहीं जानते कि ऐसे अवसरों पर किसी का साथ रहना कितनी शक्ति दे जाता है।"

सौमित्र ने जैसे क्षमायाचना करते हुए कहा, "अच्छा बाबा, आ जाऊँगा, अब तो जाऊँ?"

सुमति हँस पड़ी, "तुम नहीं बदल सकते, जाओ।"

सौमित्र मुसकराते हुए 'टा-टा' करते हुए चले गये। लेकिन नियति ने फिर अपना दाव खेला। सुमति व्यग्रता से सौमित्र की राह देख रही थी कि टेलीफोन की घंटी घनघना उठी। दौड़कर उसने फोन उठाया। उधर से फर्म के मैनेजर बड़े गम्भीर स्वर में कह रहे थे, "मुझे बहुत खेद है सुमतिजी, सौमित्र की कार दुर्घटनाग्रस्त हो गयी है, उन्हें हॉस्पिटल पहुँचा दिया गया है, वह बेहोश हैं, आप तुरन्त वहाँ पहुँच जाइए। घबराने की कोई बात नहीं है। आपके पहुँचने तक बेहोशी दूर हो जायेगी।"

सुमति ने एक शब्द नहीं कहा और फोन रख दिया। एक क्षण

को उसे लगा जैसे भयंकर तूफान आ गया है और वह वैसे ही स्थिर खड़ी है। पर दूसरे ही क्षण उसकी संज्ञा लौटी और उसने मोनिका को पुकारा, "मोनिका, मैं पन्त हॉस्पिटल जा रही हूँ, तुम्हारे भाई साहब दुर्घटनाग्रस्त हो गये हैं। तुम पिताजी और संदीप को लेकर वहाँ पहुँचो, मैं जा रही हूँ।" और यह कहती हुई वह तुरन्त बाहर चली गयी। लगभग अचेतन अवस्था में उसने कार स्टार्ट की, लेकिन जैसा कि उसका स्वभाव था, हॉस्पिटल पहुँचने तक उसने अपने को सँभाल लिया था। वह इमरजेंसी वार्ड की ओर तेजी से चलती हुई पहुँची, लेकिन अब वहाँ कुछ नहीं था। सौमित्र नामशेष हो चुके थे। सफेद चादर के नीचे छिपा उनका शरीर ही देख पायी सुमति। वह एकदम उनके शरीर पर गिर पड़ी और फिर होश नहीं रहा।

डॉक्टरों ने दो नर्सों की मदद से उसे वहाँ से हटाकर एक पलँग पर लिटा दिया और फिर एक इंजेक्शन लगाकर उसका हाथ अपने हाथ में लेकर नब्ज की जाँच करने लगे। काफी समय लगा उसे होश में आने में। परन्तु वह होश में आयी तो उसने अपने सामने पिताजी, मोनिका और संदीप को देखा। उसकी दृष्टि तेजी से घूमने लगी, उतनी ही तेजी से उसके अन्तर में तुमुलानन्द मच आया। फिर एकाएक उसकी दृष्टि संदीप पर जाकर ठहर गयी। कई क्षण उसको देखती रही। फिर सहसा उठकर बैठ गयी और संदीप को अपनी गोद में खींचकर बिलख उठी। मोनिका ने उसको सँभालने की चेष्टा की, लेकिन डॉक्टरों ने इशारे से रोक दिया और धीरे-धीरे से पास जाकर कहा, "तुम अपने पिताजी का ध्यान रखो।"

लेकिन जो स्वयं ही टूट चुका हो, वह किसी का क्या ध्यान रख सकता है? डॉक्टर और नर्स ने दोनों को सँभालकर एक कमरे में आराम कुरसी पर बैठा दिया। पिता लगभग संज्ञाहीन थे और मोनिका बिलख रही थी। तभी संदीप को अपने से चिपकाये सुमति वहाँ आयी, बहुत धीरे-धीरे बोली, "जो कुछ हुआ वह अब अनहुआ नहीं हो सकता, हम तीनों एक-दूसरे के दुःख को पहचानते हैं, लेकिन संदीप की पीड़ा की गहराई को कोई यन्त्र नहीं नाप सकता। इसलिए हमें अपने को सँभालना होगा। अब यह उनकी धरोहर है

और इसकी रक्षा करना मेरा कर्तव्य है। इसी के लिए मैंने सौमित्र को जल्दी आने के लिए कहा था।"

उसके बाद उसने किसी से कुछ नहीं कहा। मोनिका और पिताजी दोनों उसके ये शब्द सुनकर स्तब्ध रह गये थे। पिताजी दुनिया देख चुके थे। उन्होंने अपने को सँभालने की जी-जान से कोशिश की थी क्योंकि वह जानते थे कि सुमति की पीड़ा अगम-अथाह है।

उसके बाद वह सब कुछ हुआ जो सदा होता है। वह रिश्तेदारों, शुभचिंतकों और मित्रों से घिर गयी थी। पर उसने उँगली से सबको चेतावनी दे दी थी, इसलिए वहाँ शब्द नहीं थे, मात्र मौन गहरा रहा था। और बार-बार करवट बदलता वह दर्द-भरा सन्नाटा, कभी-कभी माँ से चिपटे हुए संदीप की सुबकियों से विचलित हो उठता था। यह सौमित्र की ही मृत्यु नहीं थी, उनकी सुमति भी उनके साथ चली गयी थी। अब जो सुमति थी, वह कुछ ही क्षण में प्रौढ़ हो चुकी थी, तन से, मन से और चिन्तन से भी। बिछोह का दावानल उसके अन्तर में रच-बस गया था। और वही उसकी शक्ति बनता गया। वह पिताजी, मोनिका और सन्दीप को निरन्तर सांत्वना देती रही, उनकी शक्ति बनती रही।

उसने पिताजी से कहा, "आपकी पीड़ा को मैं पहचानती हूँ। मेरी पीड़ा को आप भी अच्छी तरह अनुभव करते हैं, दोनों ही एक-दूसरे को सांत्वना देने की चेष्टा करें तो क्या सचमुच सांत्वना मिल पायेगी? आपके लिए और मेरे लिए भी एक दायित्व सौमित्र छोड़ गये हैं, और वह है संदीप। इसकी ओर देखकर ही हमें अपने भविष्य का निर्माण करना है, और फिर मोनिका की चिंता भी तो है। लेकिन उसके लिए आपको विचलित होने की आवश्यकता नहीं, वह दायित्व मेरा है। जब इतने दायित्व हमारे सामने हैं तो फिर अपना दुःख प्रकट करने का हमें कोई अधिकार नहीं।"

पिताजी एक-एक शब्द को सुनते रहे और अपने अन्तर में घुमड़ते रहे। इतना ही कहा, उन्होंने, "मैं नहीं जानता, ये सब कैसे होगा; लेकिन इतना ही कह सकता हूँ कि तुम जो चाहोगी, वही करने

की मैं कोशिश करूँगा। नहीं जानता कर पाऊँगा या नहीं, पर कोशिश अवश्य करूँगा।"

और इतना कहकर वह फफक उठे। सुमति बिना कुछ कहे उनकी कमर सहलाती रही और धीरे-धीरे गरम-गरम आँसुओं की बूँदें उसके हाथों पर गिरती रहीं। वे बूँदें ही उसकी शक्ति थीं।

और मोनिका को भी उसने इसी तरह समझाकर सांत्वना देने की चेष्टा की। मोनिका बिलकुल बदल गयी थी। उसने इतना ही कहा, "भाभी, अगर विधाता भैया की जगह मुझे उठा ले जाते तो क्या बिगड़ जाता उनका?"

आश्चर्य, सुमति हँस पड़ी, कैसी भीगी हुई थी वह हँसी; उसने कहा, "सृष्टि का जो नियम है उसका उल्लंघन कोई नहीं कर सकता, स्वयं विधाता भी नहीं। पर मुझे तो ऐसा लगता है कि विधाता जैसी कोई शक्ति नहीं होती। हमने स्वयं उसका आविष्कार कर लिया है अपने दायित्व से बचने के लिए। लेकिन मैं अपने दायित्व से बचने की जरा-भी चेष्टा नहीं करूँगी। विधाता होंगे तो निश्चय ही मेरे साथ होंगे।"

बहुत दिनों तक वह घर जहाँ कभी हर्ष की किलकारियाँ गूँजती थीं, वेदना और पीड़ा के मौन आवरण में लिपटा रहा। लोग आये और गये। यंत्रवत् सब क्रियाएँ हुईं और फिर सब कुछ शान्त हो गया। चार घायल प्राणी अपने जीवन की डगर पर और भी सँभलकर चलने लगे।

इसी अवधि में सुमति ने देखा कि डॉक्टर प्रभात, जो एक दिन मोनिका का इलाज करने आये थे, अब इस परिवार के बहुत नजदीक आ गये हैं। एक तरह से घनिष्ठ हो गये हैं और इस घनिष्ठता ने उन चारों के बीच एक ऐसा पुल बना दिया, जिसने पीड़ा के दंश को धीरे-धीरे आतंकहीन कर दिया है। वह उनकी दुर्बलता नहीं, शक्ति बन गया था।

इसी स्थिति में एक दिन सौमित्र की फर्म के मैनेजर उनके घर आये और सुमति से कहा, "मैं आप सबकी पीड़ा को अनुभव करता हूँ। वह कम हो सके, यह तो विधाता के वश की बात है। मैं केवल एक प्रस्ताव आपके सामने रख सकता हूँ। हमारी फर्म ने यह निश्चय किया है कि श्रीमती सुमति चाहें तो उन्हें वहाँ कोई पद दिया जा सकता है।"

एक साथ छः दृष्टियाँ मैनेजर साहब की ओर उठीं। उनमें क्या था, यह बताने की आवश्यकता नहीं। सबसे पहले पिताजी बोले, "सुमति बेटी, मैनेजर साहब ठीक कहते हैं। तुम्हें उनकी बात मान लेनी चाहिए।"

सुमति ने तुरन्त कोई जवाब नहीं दिया, सहसा उसके मन में एक विचार कौंध आया कि क्या उसके स्थान पर मोनिका को कोई काम नहीं मिल सकता? उसने मैनेजर साहब से यह कहा भी। उन्होंने उत्तर दिया, "हमारी फर्म में उनके लिए काम मिलना सम्भव नहीं है; लेकिन मैं विश्वास दिलाता हूँ कि किसी दूसरी फर्म में मैं उनके लिए कोशिश करूँगा। हमारी फर्म तो श्रीमती सुमति को ही ले सकती है।"

सुमति तब तक बहुत कुछ सोच चुकी थी। उसने तुरन्त उत्तर दिया, "मुझे आपका प्रस्ताव स्वीकार है। हम सब आपके चिरकृतज्ञ रहेंगे।"

उस गहन-गम्भीर पीड़ा से आवृत्त वातावरण में हर्ष की एक अदृश्य लहर दौड़ गयी।

6

समय निरन्तर बहता रहता है। पल, क्षण, घण्टे, दिन, सप्ताह, मास, वर्ष भी बीत जाते हैं। सुमति को इस फर्म में काम करते हुए तीन वर्ष बीत चुके हैं। सब उसके काम से बहुत प्रसन्न हैं। स्वयं वह भी सदा प्रसन्न रहने की चेष्टा करती है। एकान्त में वह चाहे जितनी घुमड़ती हो, पर सबके सामने वह पुरानी सुमति, सौम्य, शान्त, दृढ़ और सदा मुसकरानेवाली रहती। उन क्षणों में वह जैसे अपने को भूल जाती। भूल जाना आवश्यक है—अपने लिए नहीं, संदीप के लिए, मोनिका के लिए, पिताजी के लिए। संदीप धीरे-धीरे सब कुछ भूल रहा था। वह अपने पिता को, अपनी माता में ही पा लेता। सुमति को मोनिका की चिन्ता भी थी और कभी-कभी वह सोचती कि क्या प्रभात उसके लिए योग्य वर नहीं हो सकता। वह मुझे कितना चाहता

है, मेरे प्रति उसकी भक्ति का पार नहीं।

एकाएक हँस पड़ी, 'भक्ति! मैं कोई भगवान् हूँ जो वह मेरी भक्ति करेगा। वह भक्ति नहीं, प्रेम है। ऐसा प्रेम जिसे वह स्वयं भी नहीं पहचानता। उसके पास रहने पर मुझे भी कितना सुख मिलता है। सब कुछ भूल जाती हूँ मैं।'

सहसा बहुत पास से जैसे किसी ने कान में कहा हो, 'क्या सौमित्र को भी?'

काँप उठी थी सुमति। क्या यह सम्भव है? क्या सौमित्र को भूलकर मैं एक क्षण के लिए भी जी पाऊँगी? उसी के लिए तो जी रही हूँ मैं। उसी का प्रतिबिम्ब है संदीप।

उस समय वह रात्रि के नितान्त एकान्त में बैठी अपने से ही बातें कर रही थी कि सहसा उसे लगा कि सामने के अन्धकार की परतें फिर खुलने लगी हैं। ऐसे अवसर पहले भी बार-बार आये थे और हर बार सौमित्र ने यही कहा, 'मैं गया कहाँ हूँ। मैं सदा तुम्हारे साथ हूँ, पहले से अधिक तुममें समा चुका हूँ।'

सुमति मुसकरा उठती है, 'स्वार्थी कहीं के! अब भी मुझे नहीं छोड़ना चाहते, इतनी पीड़ा देकर भी।'

उत्तर मिलता है, 'पीड़ा दर्द देती है और दर्द शक्ति बन जाता है। तुम्हारी शक्ति का आधार तो मैं ही हूँ ना। मैंने तुम्हें नहीं पकड़ा है, तुमने ही मुझे बाँधा है।'

सुमति चौंककर उठ बैठती है। कहीं कुछ नहीं, बस चारों ओर रात्रि का गहन अंधकार है। संदीप पास ही पलँग पर सोया हुआ है। उसे अंधकार के गर्भ में जो ज्योति दिखायी देती है, वह उसके अपने अन्तर का परिदृश्य है। आज फिर वही परिदृश्य उसके अन्तर से बाहर आ गया है। और सौमित्र मुसकराकर कह रहे हैं, 'यह तुम भक्ति और प्रेम के द्वन्द्व में क्यों उलझ रही हो? प्रथम दृष्टि में भक्ति प्रेम ही का एक रूप है। दैवी सत्ता से जब हम प्रेम करते हैं तो उसे भक्ति कह देते हैं और मनुष्य के प्रति जब आकर्षित होते हैं तो उसे प्रेम कह देते हैं। लेकिन एक अन्तर है उनमें। भक्ति में द्वन्द्व है और प्रेम है निर्द्वंद्व। क्या तुम यह अनुभव नहीं कर रही हो कि प्रभात

भक्ति करते-करते तुम्हें प्रेम करने लगा है? वह तुम्हें चाहता है, अपने पास चाहता है।'

सुमति काँप उठी, 'नहीं, नहीं।'

सौमित्र हँसा, 'नहीं, नहीं, यानी हाँ। सुमति, अपने को छिपाना पाप है। जो है उसे स्वीकार करना पाप नहीं होता।'

सुमति जैसे लड़खड़ाई, 'पर, पर, मैं तो उसे प्रेम नहीं करती, उससे बातें करना मुझे अच्छा लगता है। पर अच्छा लगना क्या प्रेम ही होता है? वह स्नेह भी हो सकता है।'

सौमित्र फिर हँसे, 'फिर शब्दों का मायाजाल; भक्ति, प्रेम, स्नेह, ममता, संवेदना, आसक्ति इन शब्दों में मत उलझो। जानता हूँ तुम मुझसे प्रेम करती हो। परन्तु तुम्हारे अन्तर के किसी कोने पर उसने भी अधिकार तो कर ही लिया है। उसे स्वीकार करो। तुम तो स्वतन्त्र व्यक्तित्व की स्वामिनी हो। तुम्हें डर क्यों? जानता हूँ तुम मुझे भूलना नहीं चाहतीं; लेकिन एक दिन ऐसा हो सकता है कि तुम अनजाने ही मुझे भूल जाओ।

सुमति ने एकाएक तीव्र स्वर में कहा, 'बस करो, मैं और नहीं सुनना चाहती। मैं अपने स्वतन्त्र व्यक्तित्व के साथ किसी को समझौता नहीं करने दूँगी। मैं वही करूँगी जो मैं चाहती हूँ। क्या तुम नहीं जानते, तुम्हारे बेटे के लिए मैंने अपने को कितना मारा है?'

'जानता हूँ, तभी तो कहता हूँ। अपने से गहन साक्षात्कार करो; कैसा भी गहन अन्धकार हो, प्रकाश की किरण उसके अन्तर में सदा ज्योति बिखेरती रहती है।'

सहसा वह स्वर शान्त हो गया। अब न वहाँ अन्धकार था, न अन्धकार के भीतर जलनेवाली ज्योति। बस केवल वह थी और था गहरी नींद में सोया उन दोनों के प्रेम का प्रतीक संदीप। उसने एक बार संदीप की ओर करुणा-भरी दृष्टि से देखा। जैसे अपने से ही कहती हो, 'हाँ, मैं जानती हूँ मार्ग किधर से जाता है। मानवी हूँ, मेरे पैर लड़खड़ा सकते हैं, लेकिन वह मार्ग मुझसे नहीं छूट सकता। तब तक नहीं जब तक संदीप अपने स्वतन्त्र व्यक्तित्व को नहीं पा लेता।'

अब वह बिलकुल शान्त थी और आँखें बन्द करके नींद की घण्टियाँ सुनने लगी थी।

अगले दिन जब वह दफ्तर पहुँची तो उसने सुना कि फर्म के मैनेजर का तबादला हो गया है। उनके स्थान पर एक नये मैनेजर आने वाले हैं। ऐसा हुआ ही करता है। लेकिन न जाने क्यों, सुमति को यह सब अच्छा नहीं लगा। एक अनचीन्ही पीड़ा ने उसे अपने आवृत्त में ले लिया और जिस दिन वह मैनेजर विदा हो रहे थे, उस दिन उनकी ओर देखकर उसकी आँखें छलक आयीं। मैनेजर ने उधर देखा और कुछ पास आकर कहा, "मिसेज सुमति, आपको जब भी मेरी आवश्यकता हो, मैं आपके काम आ सकूँ तो निस्संकोच मुझे लिखना। आपको मैं कभी नहीं भूलूँगा। मैं तो क्या, कोई भी आपको नहीं भूल सकता।"

सुमति ने हाथ जोड़कर और मस्तक झुकाकर उन्हें प्रणाम किया। इतना ही कहा, "आप चिन्ता न कीजिए, मैं भी आपको नहीं भूलूँगी।"

दो दिन बाद नये मैनेजर का आगमन हुआ। अचानक किसी बाधा के कारण वह उस दिन नहीं आ सके थे, इसलिए एक बार फिर उनके स्वागत में समारोह का आयोजन हुआ। सुमति ने देखा कि पहले मैनेजर और इनमें बहुत अन्तर है। उसकी मर्मभेदी दृष्टि ने पहचान लिया कि पहले मैनेजर जितने शान्त और संवेदनशील थे, नये मैनेजर उतने ही वाचाल और कटु थे। अपनी कटुता को छिपाने के लिए वह खिलखिलाकर हँसते थे। वह हर समय दो स्तरों पर जीते थे, इसलिए उनकी आँखों में छिपी कामुकता उन्हें बेचैन किये रहती थी। उन्होंने चार्ज लेने के बाद एक सप्ताह तक सब कर्मचारियों से व्यक्तिगत रूप से खूब बातें कीं। सहजता का प्रदर्शन करते हुए सुमति से कहा था, "मुझे आपकी कहानी मालूम है। मुझे खुशी है कि मेरी फर्म में एक ऐसी नारी है जो बड़ी-से-बड़ी आपदा को भी सहज भाव से स्वीकार कर सकती है, जो स्वतन्त्र व्यक्तित्व की स्वामिनी है और कोई भी शक्ति उसके मार्ग की बाधा नहीं बन सकती।"

सुमति ने वैसे ही मुसकराते हुए उत्तर दिया, "आपकी दृष्टि बड़ी मर्मभेदी है। आपने एक सप्ताह के भीतर ही पहचान लिया

मुझे। मैं आपको विश्वास दिलाती हूँ कि आपको मुझसे कभी शिकायत नहीं होगी।”

“मैं जानता हूँ, मैं जानता हूँ,” मैनेजर ने मुसकराकर उत्तर दिया। लेकिन इस बार की मुसकराहट में सौम्यता के स्थान पर कुटिलता का स्पष्ट आभास पाकर सुमति भी सजग हो गयी।

व्यक्तिगत परिचय के बाद मैनेजर ने अब तबादले शुरू कर दिये। सुमति को उन्होंने अपनी पर्सनल सेक्रेटरी का पद दिया। इस बार सुमति फिर मुसकराई–जैसे भविष्य के देवता ने उसे सावधान कर दिया था कि आगे खाई है, आँखें खोलकर चलना होगा।

सुमति ने मेज पर रखे पेपरवेट को बड़ी तेजी से घुमाते हुए जैसे अपने से कहा हो, ‘मैं उस खाई को पहचानती हूँ और उसको पार करना भी जानती हूँ।’ यह कहते हुए उसने पेपरवेट तेजी से लुढ़का दिया जो जोर का शब्द करता हुआ फर्श पर जा गिरा। द्वार पर बैठे मैसेंजर ने तुरन्त उसे उठाया और मेज पर रख दिया और धीरे से कहा, “नये मैनेजर साहब को तेज आवाज से बहुत चिढ़ है।” जब वह चला गया तो सुमति हँस पड़ी। तभी नये मैनेजर अपने कमरे में जाते हुए उसके पास से गुजरे, “हैलो, मिसेज सुमति, हाऊ आर यू, एवरी थिंग इज ओ.के.।”

“जी हाँ, सब ठीक है।”

मैनेजर ने मुड़ते हुए कहा, “थोड़ी देर बाद आप मेरे कमरे में आइएगा।”

सुमति तीसरी बार मुसकराई और वह अपने काम में मशगूल हो गयी। दफ्तर में लोगों का आना-जाना लगा रहा। कर्मचारी भी आये और गये। वह स्वयं भी दो बार फाइल लेकर अन्दर गयी। दूसरी बार जब वह लौट रही थी तब मैनेजर ने कहा, “बैठिए न कुछ देर, कुछ जरूरी बातें करनी हैं। फिर चाय पिएँगे।”

बातें हुईं वे जरूरी थीं या गैर-जरूरी, कोई नहीं जानता। गैर-जरूरी को जरूरी बनाना अफसर लोग बहुत अच्छी तरह जानते हैं। ऐसे ही एक अवसर पर सुमति ने उनसे कहा, “यह केस तो बहुत साधारण है। इसे आपके पास लाने की क्या आवश्यकता थी?”

मैनेजर ने सुमति की ओर देखा, मुसकराए, "मैं जानता हूँ, गैर-जरूरी को जरूरी बनाना मेरे बायें हाथ को खेल है। काम के बीच में कभी-कभी बातचीत कर लेने से मन को और शक्ति मिलती है।"

सुमति ने उत्तर दिया, "जी हाँ, वह तो है ही; लेकिन हर काम की एक सीमा भी तो होती है।"

मैनेजर ने तब अचकचाकर कहा, "हाँ, सीमा तो होती है, लेकिन आपने ऐसा क्यों कहा, क्या मैंने किसी सीमा का उल्लंघन किया है?"

सुमति बोली, "मेरा यह मतलब नहीं था, लेकिन इस बात को हमें ध्यान में रखना चाहिए, इसलिए मुँह से निकल गया।"

मैनेजर इस बार पूरी कुटिलता से मुसकराए, "थैंक्यू मिसेज सुमति, आप बहुत सजग हैं और साथ ही भविष्यद्रष्टा भी।"

सुमति ने कोई उत्तर नहीं दिया। वह द्वार खोलकर बाहर आ गयी और अपनी कुरसी पर बैठती हुई बड़बड़ाई थी, 'भविष्यद्रष्टा होने के लिए ज्योतिष का सहारा लेने की आवश्यकता नहीं होती, वह मनुष्य की आँखों में चित्रित होता है।'

उसके बाद वह कई दिन परेशान-सी रही। मैनेजर सुमति को जब भी देखा करते, मुसकरा देते। लेकिन सुमति उसी सहजभाव से उनसे बातें करती रहती। फिर एक दिन एकाएक जब वह एक नया केस देकर लौट रही थी तो उन्होंने कहा, "सुनिये।"

वह बोली, "जी!"

"आप उस दिन की बात का बुरा तो नहीं मान गयीं?"

सुमति ने सब कुछ जानते हुए भी कहा, "कौन-सी बात सर, और फिर आपकी बात का बुरा क्यों मानने लगी। आप मेरे बॉस हैं। कम्पनी के काम से कुछ भी कह सकते हैं। डाँट भी सकते हैं।"

मैनेजर ने फिर गहरी दृष्टि सुमति पर डाली और कहा, "सुनिये, मिसेज सुमति! क्या आपके पति बहुत सौम्य, शान्त एवं बहुत प्रतिभाशाली थे?"

सुमति सहसा गम्भीर हो आयी और वैसे ही मर्मभेदी स्वर में बोली, "सर, एक प्रार्थना है आपसे, बुरा न मानियेगा। आप मुझसे

मेरे पति की बातें न करें तो अच्छा होगा।"

मैनेजर एकाएक सकपका गये, बोले, "नहीं, नहीं, मिसेज सुमति, मेरा मतलब आपका दिल दुखाना नहीं था, आपका दर्द मैं पहचानता हूँ। आपको दुःख पहुँचा इसके लिए क्षमा चाहता हूँ। मैं तो केवल यह कहना चाहता था कि जब कभी मेरी सहायता की आवश्यकता हो तो बेहिचक मुझसे कहिएगा।"

"थैंक्यू सर," कहती हुई सुमति बाहर आ गयी। उसके अन्तर में एक तनाव पनप रहा था। वह बहुत देर तक चुपचाप कुरसी पर बैठी रही और उस थोड़े-से समय में न जाने कहाँ-कहाँ भटकी, टकराई और फिर लौट आयी अपने उसी रूप में जिसे उसने बहुत सहजता से स्वीकार कर लिया था।

7

गृहस्थी में सब कुछ शान्त था। सुमति समय पर दफ्तर जाती, समय पर लौट आती और सब काम सदा की तरह करती। घर के काम-काज के लिए एक नौकर उसने अवश्य रख लिया था, पर शेष सब काम वह स्वयं करती या मोनिका करती थी।

मोनिका में बहुत परिवर्तन आ गया था। उसकी कॉलेज की शिक्षा भी पूरी हो चुकी थी। एम.फिल. के बाद वह पी.एच.डी. की तैयारी कर रही थी, इसलिए समय की कोई पाबन्दी नहीं थी उस पर। फिर भी सुमति उसे अपना काम करने का पूरा अवसर देती थी और स्वयं भी उसकी सहायता के लिए सदा तैयार रहती थी। दोनों का रिश्ता अब ननद और भावज का नहीं रहा था। दोनों एक-दूसरे को समझती थीं और ऐसे व्यवहार करती थीं जैसे दोनों पुरानी मित्र हों।

पिताजी की पीड़ा कम करने के लिए यह बहुत आवश्यक था। बहुत दुःख सहे थे उन्होंने, लेकिन अब वे बहुत शान्त रहते थे और यथाशक्ति संदीप के साथ मन बहलाने की कोशिश करते थे। वही अब उनकी आशाओं का केन्द्र था। वही उनका बेटा था। और संदीप भी तो अपनी उम्र से ज्यादा समझदार हो गया था। वह बराबर इस

कोशिश में लगा रहता कि वह माँ के कुछ काम आ सके। सुमति उसे कभी-कभी उसके पिता की बातें बताती थी, यह समझाने के लिए कि उसे भी उनके जैसा बनना होगा।

प्रभात अकसर आ जाते थे और ज्यादातर पिताजी के पास बैठकर बातें करते थे। कभी मोनिका से उसके शोध-प्रबन्ध को लेकर चर्चा करते। सुमति से जितना कम बात हो सके, ऐसी कोशिश रहती थी उनकी; लेकिन होता इसका ठीक उलटा था। वह अनजाने में ही देर तक उससे बातें करते रहते और बात-बात में उसे हँसा देते। तब सुमति हँसते-हँसते कहती, "ओह डॉक्टर प्रभात, तुम किसी थियेटर में विदूषक क्यों नहीं बन गये।"

प्रभात चिहुँक उठते, "आप मुझे विदूषक समझती हैं! मैं डॉक्टर हूँ और डॉक्टर का काम मरीजों को प्रसन्न रखना है। उन्हें हँसते-खिलते देखना है।"

सुमति उसी स्वर में उत्तर देती, "समझी, हम सब आपके मरीज हैं!"

प्रभात एकाएक ठिठक जाते, "मैंने यह आपके लिए तो नहीं कहा, आप मरीज नहीं हैं। लेकिन कभी-कभी आपको हँसना तो चाहिए ही।"

सुमति एक बार फिर चोट खा गयी, गहरे अर्थ थे इस एक वाक्य के। उसने शान्त स्वर में उत्तर दिया, "मैं आपकी बात समझती हूँ, डॉक्टर प्रभात! आप हमारे परिवार के डॉक्टर ही नहीं, स्नेही मित्र भी हैं। फिर भी मैं आपको विश्वास दिलाती हूँ कि कब किसको क्या करना चाहिए, यह मैं जानती हूँ। हर बात हर व्यक्ति के लिए, हर समय समान नहीं हो सकती।"

प्रभात एक बार तो झेंप गये, फिर हँसते हुए बोले, "अरे सुमतिजी, आप तो दार्शनिकों जैसी बातें करने लगीं। अभी आपकी उम्र संन्यास लेने की नहीं है। अच्छा, अब मैं चलता हूँ, फिर मिलूँगा।"

दो कदम दरवाजे की ओर बढ़ाने के बाद वह फिर मुड़े, "अरे हाँ, सुमतिजी, एक बात कहना चाहता था। दो दिन बाद तीन दिन

की छुट्टियाँ पड़ रही हैं, क्यों न हम सब लोग किसी पिकनिक स्पॉट पर हो आयें। कार तो आपके पास भी है, मेरे पास भी।"

सुमति ने दृष्टि उठाकर प्रभात की ओर देखा और कहना चाहा कि यह सम्भव नहीं हो सकेगा; लेकिन कह नहीं पायी। संदीप न जाने कहाँ से उनके सामने आकर खड़ा हो गया था। सुमति ने कहा, "विचार अच्छा है, सोचूँगी।"

"सोचूँगी नहीं, चलना है।" और यह कहते हुए वह चले गये।

और वे पिकनिक के लिए गये, पूरी तैयारी के साथ। घर पर केवल पिताजी रहे। क्योंकि शाम तक लौट आना था, अगले दिन कहीं और जाने के लिए। सुमति को लगता था कि संदीप के लिए यह सब बहुत आवश्यक है। अगर ऐसा नहीं होगा तो पिता की स्मृति उसके मानस पर छायी रहेगी और वह किसी जटिलता में फँस जायेगा, इसलिए वह ऐसे अवसर नहीं चूकती थी। उस दिन भी पिकनिक का सबसे अधिक आनन्द संदीप ने ही उठाया। बड़ा सुन्दर दृश्य था। चारों ओर हरियाली छायी हुई थी। उसके बीच में झील का जल प्रकाश से आच्छादित झिलमिला रहा था। इधर-उधर वन्य पंछी चहक रहे थे। साथ ही एक छोटा-सा अभयारण्य था जिसमें नाना रूप वन्य-जीव स्वतन्त्र भाव से विचर रहे थे। कार में बैठकर उन्होंने उस अभयारण्य का चक्कर लगाया। वहाँ उन्हें अधिकतर नाना रूप हिरण दिखायी दिये। उनको दौड़ते देखकर संदीप भी उनके साथ दौड़ने लगा। उसे खुश देखकर सुमति भी उन क्षणों में सब कुछ भूल जाती। बार-बार बताती रहती, "देखो बेटा, यह चीतल है, उसके शरीर पर लाइनें हैं, कितना सुन्दर लगता है। देखो वह बारहसिंगा है।"

संदीप पूछता, "क्या मम्मी, इसके बारह सींग होते हैं?"

"कहते तो हैं, पर मैंने गिने नहीं, तुम गिनोगे?"

संदीप ने हँसकर कहा, "यह तो इतना तेज दौड़ रहा है, मैं कैसे गिन सकता हूँ।"

तब सुमति ने उसका ध्यान दूसरी ओर आकर्षित करते हुए कहा, "देखो, कितनी सुन्दर चिड़ियाँ हैं। इधर वह बन्दर हैं, उधर लंगूर हैं, उधर दक्षिण के बन्दर हैं।"

संदीप उछल पड़ा, "मम्मी, यह तो बहुत सुन्दर है।"

प्रभात ने खिलखिलाकर कहा, "तुम्हारे जैसे सुन्दर हैं, हैं ना?"

संदीप ने खीझकर कहा, "अंकल, मैं क्या बन्दर हूँ?"

"बन्दर नहीं, बन्दर की सन्तान अवश्य ही हम सब हैं।"

सुमति को यह अच्छा नहीं लगा। उसने एकदम संदीप का मुँह दूसरी ओर करते हुए कहा, "वह देखो, झील में पक्षी कैसे तैर रहे हैं।"

संदीप एकदम बोल उठा, "मैं भी तैरूँगा मम्मी।"

"हाँ, हाँ, तुम्हें भी तैरना सिखाएँगे पर झील में नहीं, छोटे ताल में, यहाँ तो डूबने का डर रहता है।"

इस प्रकार घूमते हुए वे अपने स्थान पर लौट आये। भोजन का प्रबन्ध करना था। उस सारे समय संदीप चहकता रहा था। लेकिन सुमति का ध्यान एक बात की ओर विशेष रूप से गया कि अवसर पाते ही मोनिका प्रभात को अपने साथ खींच ले जाती; फिर वे धीरे-धीरे बातें करते हुए किसी टीले पर बैठ जाते या किसी फूलों की बगिया में घूमने लगते। हँसते-मुसकराते कभी खिलखिलाते हुए। तब अचानक सुमति को लगा, कैसे सुन्दर लगते हैं ये दोनों एक साथ। क्या ये सदा के लिए एक नहीं हो सकते? तभी सहसा उसने अनुभव किया कि उसके अन्तर में एक काँटा चुभ गया है। डॉक्टर प्रभात मोनिका को नहीं, उसे चाहते हैं। लेकिन असम्भव सम्भव कैसे हो सकता है?

वह आगे कुछ सोचती कि संदीप ने उसे झकझोरते हुए कहा, "वह देखो मम्मी, उधर खरगोश कैसे भागे जा रहे हैं।"

सुमति हँस पड़ी, "जैसे तू भागता है।"

एकाएक संदीप ने चीखकर कहा, "मैं क्या जानवर हूँ। अंकल मुझे बन्दर कह रहे थे, तुम खरगोश कहती हो।"

सुमति की बड़ी जोर की हँसी फूट पड़ी। उसने संदीप को कोली में भरकर चूम लिया और कहा, "अगर अंकल और मैं तुझे जानवर कहते हैं तो हम भी जानवर हुए न। लेकिन बेटा, ऐसा है नहीं। गुणों की समानता के कारण ऐसा कहा जाता है। वह बन्दर कितना सुन्दर था! कैसे फल छील-छीलकर खा रहा था। तू भी तो

ऐसे ही करता है। खरगोश की तरह उछलता नहीं क्या? कितना सुन्दर लगता है उछलता हुआ खरगोश। तू भी इतना ही सुन्दर दिखता है।"

संदीप ने गरदन हिलाते हुए कहा, "ठीक कहती हो मम्मी। हमारी किताब में भी हिरणों, बन्दरों और खरगोशों की कहानी है और हमारे मास्टरजी कहते थे कि हम भी कभी बन्दर थे, धीरे-धीरे हमारा रूप पलटता गया और हम मनुष्य बन गये। क्यों, मम्मी, ऐसा ही हुआ था?"

सुमति ने उत्तर दिया, "हाँ बेटा। बहुत-से लोग ऐसा ही मानते हैं। तू बड़ा होकर ये सब बातें पढ़ेगा तब तेरी समझ में आयेगा कि इस दुनिया का कैसे आरम्भ हुआ। कैसे पहले आदमी जंगलों में रहते थे। फिर उन्होंने गाँव बसाये, शहर बसाये अब तो बहुत तरक्की कर ली है।"

वह जब संदीप को इस तरह समझा रही थी, मोनिका और प्रभात किसी बात पर खिलखिलाते हुए वहीं आ खड़े हुए थे। मोनिका ने कहा, "बड़ी भूख लगी है भाभी, चलो खाना लगाएँ।"

फिर खाना-पीना हुआ। नाव में बैठकर उन्होंने झील के कई चक्कर काटे। तब तक संध्या झुक आयी थी। साये लम्बे हो चले थे। वे घर की ओर लौट पड़े। प्रभात बीच रास्ते से ही अपने घर चले गये थे।

जब सुमति अपने घर के सामने पहुँची तो उसने कार से उतरकर द्वार खटखटाया। द्वार खुला हुआ था, वह गिरते-गिरते बची। तभी सुमति को एक चीख सुनायी दी। वह शीघ्रता से उसी ओर दौड़ी। जो कुछ उसने देखा उसे देख वह आश्चर्यचकित रह गयी। दो हट्टे-कट्टे नवयुवक पिताजी को बाँधने का प्रयत्न कर रहे थे। और अन्दर से खड़-खड़ की आवाज आ रही थी।

सुमति अब तक अपने को भूल चुकी थी। उसने जोर से छलाँग लगायी और एक युवक को पकड़कर कराटे के दाँव दिखाते हुए उसे जमीन पर गिरा दिया। फिर दूसरे की ओर लपकी। लेकिन वह तो डर के मारे पहले ही नौ-दो ग्यारह हो चुका था। तभी उसे

दूसरी ओर से चीख की आवाज सुनायी दी। उसने पलटकर देखा कि जहाँ वह मोनिका और संदीप को छोड़ आयी थी, वहाँ एक जंगली-सा मनुष्य उनको पकड़ने की कोशिश कर रहा है। वह उस युवक को घसीटती हुई और चीखती हुई उस ओर भागी। वह आदमी हकबका गया कि तभी सुमति ने युवक के हाथ में जो लाठी थी, उसे उठाकर उस आदमी के सिर पर दे मारा। तब तक उनकी चीख सुनकर आस-पास के लोग आ गये थे। उन्होंने उन दोनों व्यक्तियों को रस्सियों से जकड़ दिया। सुमति ने सबसे पहले संदीप को सँभाला, फिर मोनिका की ओर देखकर बोली, "अब कोई डर नहीं। मैं तुमसे कब से कह रही हूँ कि तुम्हें भी कराटे सीख लेने चाहिए।"

वे सब मिलकर पिताजी के पास गये और उनके बन्धन खोले। उनको कोई चोट नहीं आयी थी क्योंकि जब तक उनके सिर पर लाठी पड़ती, सुमति वहाँ पहुँच चुकी थी।

खबर पाकर पुलिस और डॉक्टर प्रभात भी वहाँ आ पहुँचे। पुलिस ने सबके बयान लिये और उन दोनों चोरों को पकड़कर पुलिस स्टेशन ले गयी। सभी लोग सुमति की प्रशंसा करते नहीं अघाते थे। उनमें से कई व्यक्तियों को यह भी याद आ गया कि सुमति ही वह लड़की थी, जिसने एक बार पहले भी इसी तरह बस ड्राइवर और कण्डक्टर से अपनी रक्षा की थी।

किसी ने धीरे-से कहा, "जिस व्यक्ति से इनकी शादी हुई थी, वह भी तब इनके साथ थे।"

और यही सब सुमति की आँखों के सामने घूम रहा था। कुछ क्षण के लिए उसका अन्तर्मन तरल हो आया था। लेकिन शीघ्र ही उसने अपने को सँभाल लिया। धीरे-धीरे सभी लोग चले गये। लेकिन पिताजी की स्थिति उसके बाद निरन्तर गिरने लगी। डॉक्टर प्रभात ने बड़ी कोशिश की। वह पहले की तरह चलने-फिरने लगे, लेकिन मन का अवसाद दूर नहीं हुआ। भविष्य की चिन्ता उन्हें परेशान करने लगी और उन्होंने एक दिन सुमति को पास बुलाकर धीरे से कहा, "बिटिया, जो कुछ हुआ या हो रहा है उसको देखते हुए मुझे लगता है कि भविष्य के बारे में हमें कुछ सोचना होगा।"

सुमति उन्हें आश्वस्त करती हुई बोली, "आपको मोनिका की चिन्ता है, मुझे भी है और मैं उस ओर प्रयत्न भी कर रही हूँ। मैं जानती हूँ आपके मन की दशा कैसी है, पर आप साहस नहीं करेंगे तो हम बच्चों का क्या होगा?"

पिताजी ने उत्तर दिया, "बेटी, मुझे तुझ पर पूरा विश्वास है। तू बेटी नहीं, बेटा है। तूने जो कुछ किया, वह हर औरत नहीं कर सकती।" फिर कुछ क्षण रुके, बोले, "क्या तू डॉक्टर प्रभात से बात नहीं कर सकती। वह तो अब इस परिवार का अंग बन गया है।"

सुमति ने उत्तर दिया, "मैं जानती हूँ और मैं इस बारे में सोचती भी रही हूँ। कोई अवसर देखकर मैं बात चलाऊँगी। आप चिन्ता मत कीजिए। आपके सामने ही मोनिका की शादी होगी।"

वृद्ध पिताजी ने अपने हाथ आगे बढ़ाकर सुमति का हाथ थाम लिया, "तूने मुझे एक चिन्ता से मुक्त कर दिया।" लेकिन सुमति ने तभी अपना हाथ पिताजी के मुख पर रख दिया और दृढ़ स्वर में कहा, "आपको मेरी चिन्ता करने की जरूरत नहीं है। आप आश्वस्त रहें, मेरी चिन्ता करने वाले बहुत हैं और उनमें सबसे आगे है संदीप।"

पिताजी खिलखिलाकर हँस पड़े, "तू संदीप की चिन्ता करेगी या वह तेरी चिन्ता करेगा?"

"हम दोनों एक-दूसरे की चिन्ता करेंगे।"

पिताजी फिर हँसे, "तुझसे कोई नहीं जीत सकता बेटी। मेरा आशीर्वाद तेरे साथ है, तू सदा सुखी रहे।"

8

छुट्टियों के बाद जब वह दफ्तर पहुँची तो हर आदमी की जिह्वा पर यही बात थी। सबने उसे बधाई दी और इस खुशी में एक पार्टी भी दी। मैनेजर साहब ने तो उसे अपने कमरे में बुलाकर गद्‌गद स्वर में कहा, "मैं नहीं जानता था कि तुम इतनी बहादुर नारी हो। मैं शीघ्र ही तुम्हारे लिए पदोन्नति की सिफारिश करूँगा।"

लेकिन वह सप्ताह बीतते-न-बीतते मैनेजर साहब अपना वादा भूल गये और फिर पहले की तरह उसके साथ स्वतन्त्रता लेने की चेष्टा करते रहे।

तब सुमति ने एक दिन चुपचाप उनके आने से पहले उनकी मेज पर अपना इस्तीफा रख दिया। मैनेजर साहब ने देखा तो अचकचा गये। उन्होंने सुमति को बुलाया और पूछा, "यह क्या है?"

सुमति ने उत्तर दिया, "मेरा इस्तीफा है।"

"पर किसलिए?"

सुमति दृढ़ होकर उनके सामने खड़ी हो गयी और बोली, "कारण बहुत हो सकते हैं। मेरे लिए दो कारण बहुत महत्त्वपूर्ण हैं।"

"कौन-से दो कारण?"

"एक तो यह कि पिताजी की हालत निरन्तर गिरती जा रही है। मोनिका की शादी का प्रश्न भी उन्हें बहुत परेशान कर रहा है। मैं उन्हें इस परेशानी से मुक्त करना चाहती हूँ। मोनिका स्वयं अब एक कॉलेज में काम करने लगी है। आशा है उसे शीघ्र ही पक्की नौकरी मिल जायेगी। मैं जल्दी-से-जल्दी उसकी शादी कर देना चाहती हूँ।...और दूसरी बात, वह आप अच्छी तरह जानते हैं।"

"क्या मतलब?"

"मतलब बहुत स्पष्ट है। मैं जानती हूँ आपकी शादी हो चुकी है। और आपने यहाँ अपने को अविवाहित बताया हुआ है। मैं यह भी जानती हूँ कि आपका नारी कर्मचारियों के प्रति कैसा व्यवहार रहा है। और यह भी कि आप मुझे अनाथ समझकर सनाथ करना चाहते हैं।"

मैनेजर साहब एकदम उठ खड़े हुए और आवेश में आकर बोले, "तुम मेरा अपमान कर रही हो।"

"तब तो आपको मुझे स्वयं निकाल देना चाहिए।"

"निश्चय ही निकाल देता, लेकिन खैर—आप अब जा सकती हैं। इस बीच आपका विचार बदले तो मुझे सूचना दे दीजिए। आपकी कुरसी सुरक्षित रहेगी।"

तब सुमति ने पूरे आत्मविश्वास के साथ उत्तर दिया, "आप समझते हैं कि दूसरी बार सोचने की गुंजाइश है। अगर आप ऐसा

सोचते हैं तो आप अपने को धोखा दे रहे हैं। गुडबाई, मिस्टर मैनेजर।" यह कहते हुए वह उसी आत्मविश्वास के साथ बाहर चली गयी।

मैनेजर साहब हारे हुए जुआरी की तरह अपना सिर कुरसी की पीठ पर लगाकर निढाल-से गिर पड़े।

सुमति ने उस दिन के बाद उस फर्म में फिर कभी पैर नहीं रखा। उसके कुछ सहकर्मियों ने उसे आन्दोलन करने के लिए सुझाव दिया लेकिन उसने दृढ़ स्वर में उन्हें उत्तर देते हुए कहा, "जब कहीं आग लगती है तो उसे शुरू में ही दबा देना चाहिए। फैलने का अवसर देना हर एक के लिए घातक हो सकता है और मैं तो एक साधारण नारी हूँ।"

और उसने कुछ नहीं किया। उसका इस्तीफा स्वीकृत हो गया। और जो उसका वेतन था, वह एक दिन, उसका एक साथी घर आकर दे गया था। पिताजी को जब इस बात का पता लगा तो डर गये। लेकिन उन्हें सुमति पर पूरा विश्वास था और अब तो मोनिका भी कमा रही थी। वह तो यह भी जानते थे कि सुमति चाहेगी तो उसे और नौकरी भी मिल सकती है।

मोनिका ने पूछा, "भाभी, क्या हुआ, तुम इस्तीफा क्यों दे आयीं?"

"उसकी जरूरत थी। जब तक नारी पुरुष के अहम् से टक्कर नहीं लेगी और इस बात पर विश्वास नहीं करेगी कि वह पुरुष से अधिक शक्तिशाली है, तब तक उसका स्थान पुरुष के पाद-पद्मों में ही रहेगा।"

मोनिका ने कहा, "आपकी बात ठीक है, लेकिन क्या कभी मैनेजर साहब ने आपके साथ बुरा बरताव किया?"

"बुरा बरताव!" सुमति हँसी! "बुरा बरताव तो उन्होंने अपनी पहली पत्नी के साथ किया, जिसे वह गाँव में छोड़कर आये हैं और अपने को अविवाहित कहते हैं। यही नहीं, वह चाहते हैं कि मैं उनकी पत्नी बनूँ। बात आगे बढ़े इससे पहले ही मैंने उसे दबा दिया है।"

मोनिका ठगी-सी भाभी की ओर देखती रह गयी। जवाब नहीं दे सकी। डॉक्टर प्रभात ने सुना तो वह बहुत प्रसन्न हुए और उन्होंने

सुमति को बधाई देते हुए कहा, "तुम्हें जो कुछ करना चाहिए था, वही तुमने किया। तुम्हें नौकरियों की कोई कमी नहीं है।"

सुमति हँस पड़ी, "लड़कियों को नौकरियों की कभी कमी नहीं रहती, वह घर में भी नौकर होती हैं, बाहर भी। लेकिन प्रभात, मैं नौकरी नहीं चाहती। मैं अपनी इच्छा से अपना जीवन-यापन करना चाहती हूँ। नौकरी और काम करने में अन्तर होता है।"

प्रभात ने धीरे-से कहा, "तुम्हारे लिए क्या यह आवश्यक है कि तुम कहीं काम करो?"

सुमति ने उत्तर दिया, "काम नहीं करूँगी तो और क्या करूँगी? मेरे ऊपर जो दायित्व है, उसको निभाने के लिए मुझे जितना आवश्यक जीना है, उतना ही आवश्यक जीने के साधन पैदा करना भी है। मैं किसी पर भार बनना नहीं चाहती।"

प्रभात की समझ में नहीं आ रहा था कि वह कैसे कहे। इसलिए चुपचाप अपने अन्तर में घुटता रहा। फिर साहस करके बोला, "बहुत दिनों से एक बात कहना चाहता हूँ।"

सुमति बोली, "मैं जानती हूँ तुम क्या कहना चाहते हो।"

प्रभात ने पूछा, "क्या जानती हो?"

"कहो तो, मैं जानती हूँ।"

"तुम जानती हो तो बताती क्यों नहीं, क्या जानती हो?"

सुमति फिर हँस पड़ी, "इतने भोले मत बनो प्रभात। मैंने जब त्यागपत्र दिया था, वह मैनेजर साहब के मन की बात जानकर ही दिया था। इतनी समझ तो मुझमें है, कौन मुझसे क्या चाहता है।"

प्रभात ने कहा, "अगर तुम इतना जानती हो तो यह भी जानती होगी कि मैनेजर साहब की और मेरी बात में क्या अन्तर है।"

सुमति बोली, "वह भी जानती हूँ, वह मेरी असहाय अवस्था का अनुचित लाभ उठाना चाहते थे और तुम सच्चे दिल से मेरी सहायता करना चाहते हो। लेकिन क्या तुम यह भी जानते हो कि मेरे ऊपर कौन-कौन से दायित्व हैं?"

"वह भी जानता हूँ। तुम संदीप और मोनिका की बात करती हो। मैं सारे दायित्व उठाने को तैयार हूँ। तुम्हें पूर्ण स्वतन्त्रता होगी।

तुम कुछ भी करो। मैं वचन देता हूँ, तुम्हें कोई बाधा न दूँगा।"

"एक क्षण के लिए मैं तुम्हारे वचन पर विश्वास कर सकती हूँ। पिताजी अब कितने दिन के हैं और मोनिका अपने पैरों पर खड़ी है। उसकी शादी आराम से हो सकती है, लेकिन तुमने जो असली बात थी, उसके बारे में तो सोचा ही नहीं।"

"क्यों नहीं सोचा, संदीप जैसा तुम्हारा पुत्र है वैसा ही मेरा भी होगा।"

हँस पड़ी थी सुमति, "या तो तुम बहुत भोले हो या अपने को नहीं जानते। तुम संदीप को किसी भी दृष्टि से अपना पुत्र स्वीकार नहीं कर सकते। तब और भी, जब तुम्हारी अपनी सन्तान हो जायेगी। मैं और भी आगे बढ़ सकती हूँ। तुम्हारी इस बात पर विश्वास भी कर सकती हूँ कि तुम सन्तान नहीं चाहोगे। यद्यपि यह असम्भव बात है, फिर भी तर्क के लिए मैं इसे स्वीकार कर सकती हूँ; लेकिन क्या तुम यह कहना चाहोगे कि संदीप तुम्हें उसी तरह प्यार या वैसा ही प्यार दे सकेगा जैसा वह सौमित्र को दे सकता था? जानती हूँ, ऐसा नहीं हो सकता।"

प्रभात ने कुछ उत्तर नहीं दिया। उसका सिर चकराने लगा था। वह धीरे-धीरे नाखून से मेजपोश को कुरेदता रहा और न जाने किस लोक में पहुँच गया था। शायद अपने अन्तर्मन को टटोल रहा था, लेकिन अन्तर्मन कल्पना के सहारे नहीं देखा जा सकता। वास्तविक के सामने ही उसमें प्रतिक्रिया होती है। इसलिए वह कई क्षण मौन ही रहा। मोनिका तब तक चाय ले आयी थी। एक-एक प्याला उनके सामने रखकर वह भी वहीं बैठ गयी। सुमति को उत्तर मिल चुका था। और प्रभात वास्तविकता के पीछे सत्य को पहचान गया था, इसलिए देर तक वे तीनों चुपचाप चाय पीते रहे। वातावरण घुमड़ता रहा। मोनिका ने उसको भंग किया, बोली, "आप दोनों बहुत गम्भीर हैं, क्या बात है? क्या भाभी बहुत चिन्तित हैं? पर उन्हें चिन्तित होने की क्या आवश्यकता? मैं भी तो काम करती हूँ।"

सुमति अन्दर तक भीग आयी, उसके कन्धे पर हाथ रखकर उसने धीरे-से कहा, "क्या तुम अपने घर नहीं जाओगी?"

"नहीं भाभी, मैंने निश्चय कर लिया है कि मैं शादी नहीं करूँगी।"

सुमति ने एक-एक शब्द पर जोर देते हुए कहा, "भावुकता कभी स्थाई नहीं होती। तुम्हारे भावों की मैं कद्र करती हूँ; लेकिन जिसका जो दायित्व है, वह उसे निभाना ही होगा।"

मोनिका धीरे-से बोली, "क्या नारी का विवाह होना ही चाहिए? क्या यह विधि का अटल विधान है?"

सुमति ने पूर्ववत् कहा, "विधि की बात जाने दो, अपने मन की बात सोचो और क्षणिक भावुकता से ऊपर उठकर सोचो। तुम तर्क दे सकती हो कि बहुत-सी नारियों ने विवाह नहीं किया। मैं वैदिक युग की ब्रह्मचारिणियों की बात नहीं कहती। मैं नहीं जानती उस समय का जीवन वास्तव में कैसा था। आज का जीवन मेरे सामने है। आज की दुनिया को मैं जानती हूँ, इसलिए कहती हूँ कि यह उचित नहीं होगा। मैं सम्भव की बात नहीं कहती, उचित की बात कहती हूँ। सम्भव और उचित में अन्तर है।"

मोनिका ने इस बार तुरन्त उत्तर नहीं दिया, उसकी दृष्टि सहसा प्रभात की ओर उठी थी। प्रभात उसे ही देख रहा था। दृष्टि मिली और फिर वे दोनों चुप हो गये। सुमति मुसकराई, "अभी इन बातों की चिन्ता रहने दो। अभी तो मुझे काम करना है। तुम्हारे लिए वर ढूँढ़ना है। तुमने ढूँढ़ लिया हो तो मुझे निस्संकोच बता सकती हो। तुम मेरे पति की बहन हो, उस पति की जिससे मैंने सचुमच अंतर्मन से प्यार किया है। अच्छा डॉक्टर प्रभात, क्या तुम मेरे लिए कोई अच्छा-सा काम नहीं खोज सकते? अब तो मैं अनुभवी हो गयी हूँ।"

प्रभात ने कुछ उत्तर नहीं दिया, वह उठा और जाने के लिए द्वार की ओर मुड़ा। सुमति ने हँसकर कहा, "इतने नाराज हो कि मेरी बात का जवाब भी नहीं दोगे?"

प्रभात जहाँ खड़ा था, वहीं ठिठक गया और गम्भीर स्वर में बोला, "तुम्हारे पैने प्रश्नों का जवाब देने का साहस मुझमें नहीं है। हाँ, काम ढूँढ़ने के लिए अवश्य प्रयत्न करूँगा।"

सुमति वैसे ही बोली, "बस, इतना ही मैं चाहती हूँ।"

प्रभात धीरे-धीरे द्वार से बाहर हो गया और वह कई क्षण उसे जाते देखती रही। फिर मोनिका की ओर मुड़कर उसने कहा, "इस समय सबसे पहला काम यह है कि मुझे कोई अच्छा-सा काम करने को मिल जाये।"

मोनिका ने कुछ उत्तर नहीं दिया। चुपचाप अपने स्थान से उठी और भाभी के पास आकर खड़ी हो गयी। उसके कन्धे पर हाथ रखा और बड़े सहजभाव से बोली, "मैं जानती हूँ कि आपको अपने पद से डिगाने की शक्ति शायद विधाता में भी नहीं है। लेकिन भाभी, क्या यह भी सच नहीं है कि जीवन में लचक बहुत आवश्यक है। लोहा कितना कठोर है। लेकिन उसकी लचक के कारण उसे कोई भी रूप दिया जा सकता है; फौलाद तो टूट ही सकता है।"

सुमति को यह आशा नहीं थी। उसने आश्चर्य से मोनिका की ओर देखा। उसे अपने पास खींच लिया, बोली, "मैं मानती हूँ तुम्हारा तर्क अकाट्य है; पर क्या तुम यह नहीं मानोगी कि कुछ बातें तर्कातीत होती हैं। तुमने अभी ज्ञान पाया है, लेकिन ज्ञान से भी बड़ी एक चीज होती है विवेक, उसके बिना ज्ञान मात्र जड़ होकर रह जाता है।"

उसके बाद दोनों ने कुछ नहीं कहा। संदीप आ गया था। वह दौड़ता हुआ आया और माँ की गोदी में चढ़ गया। सुमति ने उसके गाल को प्यार से थपथपाते हुए कहा, "संदीप बेटे, अब तुम बड़े होते जा रहे हो, मेरी गोद तुम्हारे लिए छोटी पड़ गयी है।"

मोनिका ने एकदम कुछ कहना चाहा लेकिन सुमति ने तुरन्त आँखों से बरज दिया।

संदीप ने धीरे से कहा, "मम्मी, तुम्हारी गोद में बैठना अच्छा लगता है, तब तुम मुझे मेरी मम्मी लगती हो।"

हत्प्रभ रह गयी थी सुमति। तर्क करना नहीं जानता यह बालक, लेकिन इसने कितनी बड़ी बात कही है जो ज्ञान से नहीं, सहज अनुभव से प्राप्त होती है। उसने उसे अपनी छाती से चिपटा लिया और इतना ही कहा, "ठीक है, मेरा मतलब तो इतना ही था

कि अब मैं तुम्हें गोद में उठाकर नहीं चल सकती।"

संदीप ने उसकी आँखों की ओर देखती हुए कहा, "उँगली पकड़कर तो चल सकती हो!"

सुमति और मोनिका दोनों हँस पड़ीं। दोनों की हँसी का अर्थ अलग-अलग था। सुमति ने प्यार से उत्तर दिया, "क्यों नहीं, मैं तो हमेशा यही चाहूँगी कि जब तक तू बड़ा नहीं हो जाता, मेरी उँगली पकड़कर ही चला करे।"

संदीप बोला, "अभी तो तुमने कहा था तुम बड़े हो गये हो और अभी कह रही हो जब तक बड़ा नहीं हो जाता...।"

सुमति ने अपनी जीभ काट ली। फिर एक क्षण रुककर कहा, "हमने तुम्हें दो बार बड़ा कहा, दोनों का अर्थ अलग-अलग था। पहली बार जब हमने बड़ा कहा तो उसका अर्थ यही था कि अब तुम्हारा वजन बढ़ गया है जो मुझसे उठाया नहीं जायेगा। और दूसरी बार बड़ा कहा तो उसका अर्थ यह था कि जब तुम अपने पैरों पर नहीं खड़े हो जाते, तुम्हें सहारे की जरूरत रहेगी। उँगली पकड़ने का अर्थ, सहारा लेना ही है।"

संदीप समझा या नहीं समझा या आधा-अधूरा समझा पर उसने बड़े-बूढ़े की तरह गरदन हिलाकर कहा, "हाँ मम्मी, यह बात ठीक है।"

मोनिका एकाएक बड़े जोर से हँस पड़ी, "भाभी, तुम भी बहुत अजीब हो। बेटे को गोद में बिठाये प्यार किये जा रही हो। उसको खाने तक के लिए नहीं पूछा।"

संदीप भी एकाएक चिल्ला उठा, "बुआ ठीक कहती हैं। आप भी कभी-कभी न जाने कैसी बातें करने लगती हैं। चलो, मुझे भूख लगी है, पहले खाना दो।"

सुमति ने कुछ उत्तर नहीं दिया। उसकी आँखें भीग आयी थीं और वह नहीं चाहती थी कि संदीप उसकी आँखों में आँसू देखे। वह चुपचाप उसकी उँगली पकड़कर अन्दर ले गयी।

9

उस रात सुमति के सामने वही घोर अंधकार था, सघन अंधकार था, जिसके आर-पार देखना बहुत मुश्किल था; लेकिन उसके बीच में प्रकाश का वृत्त बहुत चमकदार था और सुन्दर भी। किरणें फूटकर चारों ओर उस वृत्त को और भी मुखर कर रही थीं। हमेशा आनेवाली आकृति आज कहीं दिखायी नहीं दे रही थी। घण्टियों की टन-टन के साथ कहीं दूर से आता हुआ मधुर-मादक संगीत उसके रोम-रोम को पुलकित कर रहा था। उसने सहसा देखा कि वह स्वयं एक नववधू के रूप में मुसकराती हुई अपने साथी की कमर को अपने हाथ के घेरे मे लिये, धीरे-धीरे कहीं से चली आ रही है। उसे आश्चर्य नहीं हुआ, जब उसने पाया कि उसका साथी डॉक्टर प्रभात है।

तो उसने अन्ततः डॉक्टर प्रभात का प्रस्ताव स्वीकार कर ही लिया और उसकी पत्नी बन गयी। इतना ही नहीं, पत्नी के कर्तव्य को निभाने के लिए भरसक प्रयत्न भी कर रही है। मुसकराती है, हँसती है, खेलती है। और प्रभात को प्रसन्न करने के लिए हर प्रयत्न करती है।

लेकिन कभी-कभी अचानक गम्भीर हो जाती है। वही स्वतन्त्र व्यक्तित्ववाली सुमति! वह हड़बड़ाकर चारों ओर देखती है। 'कहाँ है संदीप, संदीप कहाँ है? संदीप, बेटे संदीप!' पुकारती हुई वह चारों ओर उसे खोजती है और फिर पाती है कि वह अपने पढ़ने के कमरे में चुपचाप बैठा हुआ कागज पर रेखाएँ खींच रहा है, आड़ी-तिरछी, बाँकी रेखाएँ। वह कुछ बनाना चाहता है, पर बनता कुछ नहीं। रेखाएँ एक-दूसरे में ऐसे उलझ जाती हैं मानो किसी ने आकाश से उसको गिरफ्तार करने के लिए नागपाश फेंका हो। उस नागपाश में तो भगवान् राम भी बँध गये थे, उस बेचारे की तो औकात ही क्या थी। लेकिन राम के नागपाश को काटने के लिए उनका वाहन गरुड़ आया था और उन्हें मुक्त कर दिया था। पर वह जिस नागपाश में बँधा है, उसे काटने के लिए कौन आये, क्या उसकी माँ! लेकिन अब उसकी माँ कहाँ है, वह तो डॉक्टर प्रभात की पत्नी है।

विवाह के बाद संदीप सचमुच बड़ा हो गया है। वह माँ और पत्नी के अन्तर को समझने लग गया है। जितना वह सुमति को समझता है उतना ही उसका अन्तर एक अनजाने, अनचाहे विद्रोह से भर उठता है। उसकी भुजाएँ फड़कने लगती हैं। वह कुछ करना चाहता है, क्या करना चाहता है?

शायद रेखाएँ खींचते समय उसके मन में वही नागपाश वाला दृश्य था और उन रेखाओं में वह स्वयं को जकड़ा हुआ देख रहा था। देखता रहा, बहुत देर तक देखता रहा, फिर सहसा क्रोध से तिलमिला उठा और अपने हाथ की पेंसिल से रेखाओं को पूरी शक्ति से काटना शुरू कर दिया। इतनी शक्ति से कि वे रेखाएँ कागज के पार हो गयीं। फिर उसने कागज को फाड़-फाड़कर चिन्दी कर डाला और पास रखी हुई रद्दी की टोकरी में जोर से फेंक दिया और अपना सिर मेज पर दे मारा। वह देर तक उसी तरह पड़ा रहा। फिर उसने महसूस किया, कोई चिर-परिचित कोमल स्पर्श उसके हाथ की शिराओं से एकाकर होकर उसे सहलाने की कोशिश कर रहा है। उसे अच्छा लगा। कई क्षण वह उस स्थिति को बनाये रखने का प्रयत्न कर रहा है; लेकिन अब वह स्वयं कहाँ रह गया था। वह एक झटके के साथ उठा और उसने घृणा-भरी दृष्टि से माँ की ओर देखा। कहर बरपा कर देनेवाली आँखों से माँ की ओर देखते हुए चीख उठा, 'चली जाओ यहाँ से, तुम्हें यहाँ आने का कोई अधिकार नहीं। तुम मेरी कोई नहीं हो, कोई नहीं...।'

और फिर उसने अपना सिर मेज पर दे मारा, फूट-फूटकर रोने लगा।

सुमति के लिए आश्चर्यजनक कुछ नहीं था। अगर कुछ था तो यही कि उसने प्रभात से विवाह कैसे किया।

जैसे कहीं से एक कोमल आवाज उसको सहला गयी हो, 'जैसे सब नारियाँ करती हैं।'

'लेकिन सब नारियाँ तो मेरी तरह विवाहिता नहीं होतीं।'

'लेकिन नारी तो होती हैं और विवाहिता क्या नारी नहीं रह जाती?'

'लेकिन मैं तो विधवा थी।'

सहसा वह कोमल स्वर व्यंग्य से हँस पड़ा, 'विधवा क्या नारी नहीं रह जाती? उसकी आकांक्षाएँ, उसकी भावनाएँ तो और भी सघन हो उठती हैं। क्योंकि वे उन मादक अनुभवों में से गुजर चुकी होती हैं।' क्षण-भर के लिए सुमति स्तब्ध-मौन खड़ी रह गयी। फिर बोली, धीरे-से, 'मैं जानती हूँ कि तुम सच कह रही हो। मेरा अपना यही अनुभव है; लेकिन अनुभव के ऊपर एक दायित्व भी तो है। विधवा होने से पूर्व मैं मात्र नारी नहीं रह गयी थी, मैं माँ बन चुकी थी। माँ का दायित्व...।'

आवाज के अन्तर से बड़ी जोर से हँसी फूटी, 'माँ और नारी, नारी और माँ, यह द्वन्द्व ही तो इस संसार को ग्रसे हुए है। पुरुष कहाँ समझता है नारी की भावना को! वह तो उसके लिए खिलौना है। अधिक शालीन भाषा में कहें तो आनन्द का सागर है। वह नारी को समझता नहीं। खिलौने की बात भी कोई समझता है क्या!'

सुमति सहसा चीख उठी, 'लेकिन मेरे पति ऐसे नहीं थे। वह मुझे सचमुच प्यार करते थे, प्यार देते थे, प्यार पाते थे।'

आवाज धीमी पड़ गयी, बोली, 'यह सब तो मैं जानती हूँ, मैं तुम्हें दोष देना भी नहीं चाहती। तुमने जो कुछ किया, वह पाप-पुण्य की संज्ञा से परे है, क्योंकि वह स्वाभाविक है लेकिन...'

सुमति चीख उठी, 'लेकिन...लेकिन...लेकिन! इस लेकिन ने हम सबको बरबाद कर दिया। हम इस लेकिन को समझते क्यों नहीं।'

आवाज ने धीर-गम्भीर स्वर में कहा, 'समझते क्यों नहीं, समझते हैं, लेकिन अभी तक हम अपने स्वयं को, अपने स्वयं से अलग नहीं कर पाये।'

'क्या मतलब?'

'मतलब तुम समझती हो, नहीं समझतीं तो प्रभात से पूछ लो। शायद बता सके, शायद न भी बता सके; क्योंकि वह जो कुछ कर रहा है वह भी स्वाभाविक है। निश्चय ही उसने तुमसे विवाह करने से पहले बहुत-से वायदे किये थे। दुर्भाग्य यही है कि हम अपने को

बिना समझे वायदे कर लेते हैं। प्रभात ने भी ऐसा ही किया और एक बार तुमको पाकर वह उस मादक दुनिया में पहुँच गया, जहाँ स्त्री और पुरुष दोनों ही अपने सिवा किसी और को देखना नहीं चाहते। सब कुछ भूल जाते हैं। बिलकुल भूल जाते हैं पुरानी दुनिया को। एक नये मादक संसार में पुरानी यादें किसीको परेशान नहीं करतीं। इसलिए मैं प्रभात को दोष नहीं दूँगी, वह साधारण मनुष्य है। प्रेम करनेवाला और प्रेम चाहनेवाला, बल्कि प्रेम चाहनेवाला अधिक। लेकिन तुम्हें तो अपने स्वतन्त्र व्यक्तित्व पर बड़ा भरोसा था। कहूँगी, एक सीमा तक अभिमान भी था। तुम क्या कर पायीं? क्या तुमने अपने बेटे के मनोविज्ञान को समझा? दोष मैं तुम्हें भी नहीं देना चाहती, क्योंकि उस मनोविज्ञान को समझना बहुत दुष्कर है।'

सहसा वह आवाज बन्द हो गयी, दृश्य बदल गया था। वह अब प्रभात की बाँहों में थी। वह प्रभात को उसका प्राप्य देना भी चाहती थी, क्योंकि उसके अपने अन्तर में भी प्यार का सतरंगी धनुष रूप ले चुका था। लेकिन बीच में सहसा उसे संदीप की याद आ गयी। उसने बड़े सधे स्वर में प्रभात से कहा, 'सुनो!'

प्रभात ने उत्तर दिया, 'इस समय मैं कुछ सुनना नहीं चाहता हूँ। बस, तुमको चाहता हूँ, केवल तुमको।'

'लेकिन प्रभात...।'

'कोई लेकिन नहीं...।'

'प्रभात, 'लेकिन' है और वही लेकिन मेरे अन्तर के किसी कोने में अन्धकार की गुफा बनाये हुए है।'

प्रभात एकाएक अट्टहास कर उठा, 'देखो सुमति, इस विषय में मैं तुम्हारी दार्शनिक मुद्रा को नहीं सह पाऊँगा। तुम जाना चाहती हो, जा सकती हो।'

और वह छिटककर अलग हो गया। उसे अपने पास खींचते हुए सुमति ने उसके माथे पर, गालों पर, होंठों पर चुम्बन अंकित करते हुए प्यार-भरे स्वर में कहा, 'मैं तुमसे अलग होने की बात नहीं कह रही, तुम समझते क्यों नहीं।'

'क्या समझाना चाहती हो तुम?'

सुमति ने प्रभात की कटुता की चिन्ता किये बिना उसी मादक स्वर में कहा, 'मैं संदीप की बात कह रही थी।'

प्रभात चीख उठा, 'संदीप, संदीप! तुम्हें संदीप के सिवा कुछ दिखायी नहीं देता? मैं मानता हूँ तुम संदीप की माँ हो और माँ अपनी सन्तान के लिए कुछ भी कर सकती है; लेकिन क्या मैंने संदीप के लिए तुम्हें कुछ भी करने से रोका है? क्या मैंने सदा तुम्हारा साथ नहीं दिया है? बल्कि कहूँगा, मैंने संदीप को तुमसे भी अधिक प्यार करने की चेष्टा की है।'

सुमति बोल उठी, कहीं बहुत दूर से, 'तुमने प्यार करने की चेष्टा की है, पर समझने की नहीं।'

प्रभात ने अचकचाकर सुमति की ओर देखा और बुदबुदाया, 'समझने की चेष्टा नहीं की, समझने और प्यार में क्या कुछ अन्तर होता है?'

सुमति ने कहा, 'हाँ, होता है। हमारे-तुम्हारे लिए न हो, लेकिन संदीप के लिए है। संदीप मुझपर अपना अधिकार मानता है और तुम भी अधिकार मानते हो। क्या इस अधिकारों के संघर्ष को समझने की तुमने चेष्टा की?'

प्रभात ने उसी तेजी से जवाब दिया, मैं तो तुम्हारे शब्दों में पराया था, पर तुम तो उसकी अपनी माँ थीं, तुमने समझने की चेष्टा कीं?'

'यही तो, यही तो दर्द मुझे कचोट रहा हैं। मैंने चेष्टा की थी पर धीरे-धीरे मैं अपने को भूल गयी थी और संदीप मेरी दृष्टि से ओझल होने लगा था क्योंकि उसके और दृष्टि के बीच में तुम आ गये थे।'

'यह सब तो पहले से ही स्पष्ट था।'

'बार-बार इस बात को मत दोहराओ। मैं तुम्हें दोष नहीं देती। दोष मेरा है, मैं अब क्या करूँ, क्या करूँ?'

'मुझे छोड़ दो और उसी के पास लौट जाओ।'

कहीं दूर से फिर सुमति बोल उठी थी, धीरे-धीरे, "काश ऐसा हो पाता, काश ऐसा हो पाता!'

फिर एकदम गम्भीर होकर बोल उठी, 'क्या ऐसा नहीं हो सकता कि हम संदीप को किसी बोर्डिंग स्कूल में दाखिल कर सकें?'

'हाँ, हो तो सकता है यह, पर क्या तुम ऐसा करना चाहोगी?'

'और कोई रास्ता भी तो नहीं। यह प्रयोग करके देख लेने में कोई हर्ज नहीं।'

'ठीक है, यह सब प्रबन्ध तुम्हें ही करना होगा।'

उस रात सुमति अपने में बहुत घुमड़ती रही। प्रभात एक बहुत जरूरी केस के कारण हस्पताल में थे। संदीप अपने कमरे में शायद पढ़ रहा था।

वह एकदम चिहुँककर उठ बैठी। शायद क्यों, वह अवश्य पढ़ रहा है, वह प्रतिभाशाली बच्चा है। क्या हुआ जो कभी-कभी उदास हो जाता है।

और वह तुरन्त उठकर संदीप के कमरे में गयी, दरवाजा खुला था, संदीप पलंग पर किताब छाती पर रखे, छत की ओर ताक रहा था। वह धीरे-धीरे दबे पाँव उसके पास आ बैठी; यह समझकर कि शायद वह सो रहा है लेकिन वह सो कहाँ रहा था। वह तो पहली आहट पर ही उठ बैठा। उसकी आँखें मिलीं, वह बोला, 'माँ, इस समय तुम यहाँ, डॉक्टर साहब कहाँ हैं?'

सुमति का मन ग्लानि से भर उठा। उसने धीरे से कहा, 'एक जरूरी ऑपरेशन करना है उन्हें, लेकिन तुम अभी तक पढ़ रहे हो?'

'हाँ माँ, परीक्षाएँ पास आ गयी हैं। पढ़ना चाहता हूँ। पर न जाने क्यों मन को एकाग्र नहीं कर पा रहा।'

सुमति ने पूछना चाहा, क्यों? पर उस क्यों को तो वह जानती है, इसीलिए उसके पास बैठकर उसका सिर अपनी गोद में रख लिया और बड़े प्यार-भरे शब्दों में कहा, 'मैं जानती हूँ तुम्हें एकान्त चाहिए, शान्ति चाहिए। इसलिए मैं सोचती हूँ, क्या यह अच्छा नहीं होगा...।'

वह एकाएक रुक गयी, आगे कुछ कहने का साहस उसे नहीं हुआ।

संदीप ने धीरे से कहा, 'मैं समझ गया, तुम क्या कहना चाहती हो। मुझे अपने से दूर भेजना चाहती हो।'

सुमति हिल उठी। फिर साहस करके प्यार-भरे शब्दों में बोली, 'मैं तुम्हें अपने से दूर करूँगी, यह तुम कैसे सोच सके? मैं तो तुम्हारी पढ़ाई के कारण कह रही हूँ। तुम्हारे लिए यह अच्छा होगा कि तुम किसी अच्छे-से बोर्डिंग स्कूल में जाकर रहो और अपनी स्वतन्त्र सत्ता को पहचानो और वही करो जो तुम चाहते हो। मैं तुम्हारे साथ हूँ और प्रभात भी यही चाहते हैं कि तुम अपने को पहचान सको।'

संदीप अब वह बालक नहीं था जो गोद में बैठने और उँगली पकड़ने के रहस्य को जानना चाहता था। वह मुसकराया और उसने स्पष्ट शब्दों में कहा, 'सच माँ, मैं भी यही चाहता था, पर तुमसे कह नहीं पाया। मुझे मेरे मित्र ने एक अच्छे बोर्डिंग स्कूल का पता दिया है। मसूरी में है वह। क्या मैं वहाँ जा सकता हूँ?'

सुमति अचकचाकर बोल उठी। अचकचाई वह इसलिए कि उसे यह आशा नहीं थी। अब भी वह यही सोच रही थी कि संदीप जो कुछ कह रहा है, वह सच नहीं है। पर उसने कहा यही, 'हाँ, हाँ, क्यों नहीं जा सकते हो। जरूर जा सकते हो। सच तो यह है कि मेरे मन में भी इसी स्कूल का खयाल आया था। बहुत अच्छा स्कूल है वह। तुम खर्च की चिन्ता मत करो, वह दायित्व मेरा है। बस तुम मन लगाकर पढ़ो और जो भी बात हो, मुझे निस्संकोच कहो।' और वह उसके ऊपर झुक आयी। प्यार से उसे चूमा, फिर थपथपाया।

संदीप ने हँसकर कहा, 'माँ, तुम्हारी उँगली पकड़नेवाला वह बालक नहीं रह गया हूँ मैं, सब समझता हूँ।'

सुमति अपने को ठगती हुई एकदम बोल उठी, 'तो फिर तुम उदास क्यों रहते हो, अपने में खोए-खोए, हमारे सामने आने से कतराते क्यों हो?'

संदीप ने सहजभाव से हँसते हुए कहा, 'ऐसा नहीं है, तुम्हें ऐसा लगता है क्योंकि तुम मुझे बेहद प्यार करती हो।'

सुमति ने उसे अपनी कोली में भर लिया, देर तक अपने से लिपटाये रही, फिर सिर पर हाथ रखकर बोली, 'सो जाओ, द्वार की घण्टी भी बज रही है।'

और वह उठकर धीरे-धीरे कमरे से बाहर हो गयी। लेकिन

अगर वह सुन सकती तो इस समय संदीप बहुत जोर से हँस रहा था और उतने ही जोर से घंटी बज रही थी—ट्रिन-ट्रिन-ट्रिन।

घण्टियाँ इधर भी बजने लगीं और दृश्य एकदम बदल गया।

संदीप मसूरी चला गया। स्कूल बहुत अच्छा था। उसमें प्रवेश पाने के लिए लोगों को वर्षों पहले अनुमति के लिए लिखना पड़ता है। सौभाग्य से इसको स्थान मिलने में कोई कठिनाई नहीं हुई। क्योंकि प्रभात की प्रसिद्धि भी कुछ कम नहीं थी। वह इसी इलाके के रहनेवाले थे। जाते समय संदीप उदास था, पर उसने किसी तरह की अतिरिक्त भावना प्रकट नहीं की। सुमति और प्रभात दोनों उसे छोड़ने के लिए आये थे। विदा लेते समय अवश्य वह अपनी माँ से चिपट गया और ऐसी करुण दृष्टि से उसकी ओर देखा था मानो यह उनका अन्तिम मिलन हो।

सुमति हिल गयी, लेकिन उसने अपने को सँभाल लिया और धीरे-से कहा, 'अपने पापा से मिलो बेटा।' संदीप मिला, पर एक ठण्डापन था उसके व्यवहार में। प्रभात ने उसे बड़े प्रेम से सहलाया और कहा, 'बेटा, तुम चिन्ता मत करना, हम आते रहेंगे।'

शुरू-शुरू में सुमति जल्दी-जल्दी आयी, लेकिन उसने पाया, संदीप की आँखों की उदासी गहरी होती आ रही है। एक बार तो सुमति का मन हुआ कि उससे कहे, वापस चल, लेकिन वह कह न सकी। वह उसे समझाकर चली आयी। कहने से अधिक अनकहा बहुत कुछ कह जाता है।

दूसरी बार, तीसरी बार, चौथी बार वे दोनों साथ आये। कोई अन्तर नहीं पड़ा संदीप के व्यवहार में, मात्र चेहरे के रंग में, जो लालिमा आनी चाहिए, वह नहीं दिखायी दे रही थी। प्रिंसिपल ने इतना ही कहा, 'संदीप के मन में कुछ है जो उसे कचोटता है, इसलिए जब कभी भी वह उल्लास से भरने को होता है तो सहसा जैसे गहरी कालिमा उसके चेहरे पर से गुजर जाती है।'

वह पहले वर्ष की छुट्टियों में घर आया। लेकिन दूसरे वर्ष पत्र आने कम हो गये। आना-जाना भी कम हो गया। साथ ही प्रिंसिपल की रिपोर्ट भी खराब हो गयी, 'तुम्हारा संदीप पढ़ने में रुचि नहीं

लेता। कुछ कहो तो अनबूझ-सा शून्य में देखने लगता है। वह शरारत कम करता है। लेकिन परीक्षा में उसके अंक कम होते जा रहे हैं। 'तीसरे वर्ष रिपोर्ट और भी खराब हो गयी। प्रिंसिपल ने लिखा, 'क्या आप इस बच्चे को अपने पास नहीं रख सकतीं? लेकिन जहाँ तक मैं समझा हूँ, आप उसे यहाँ इसलिए छोड़ गये होंगे कि यह वहाँ रह नहीं सकता। लेकिन अब यह यहाँ भी नहीं रह सकता। क्योंकि पढ़ाई में पिछड़ जाने के कारण वह चिड़चिड़ा हो गया है, लड़ भी पड़ता है। कभी-कभी स्कूल से गायब भी हो जाता है।'

सुमति की चिन्ता का पार नहीं था। उसके और प्रभात के बीच खाई पैदा होती जा रही थी। उसको वह जितना अनुभव करती थी, कह नहीं सकती थी। और इस बीच वह प्रभात के एक बेटे की माँ भी बन गयी थी। उसे देखकर संदीप एक बार मुसकराया था और उसके बाद चुप हो गया था।

सुमति के बहुत कहने पर ही वह उसे गोद में ले सका था और उसे गौर से देखता रहा था। कैसे उसके अन्तर में प्रश्न उठ रहे थे—कौन है यह? कहाँ से आया है? मेरी तरह यह भी मेरी माँ का बेटा है। लेकिन मेरे पापा तो इसके पापा नहीं हो सकते, इसके पापा अलग हैं।

यह अलग होने का भाव ही तो उसकी पीड़ा, कुरेदना और उदासी का कारण था। अब वह घर पत्र नहीं लिखता था। सुमति बार-बार लिखती तो एक बार उसने लिख दिया था, 'प्रिंसिपल साहब आपको रिपोर्ट भेजते तो रहते हैं? मैं और क्या लिखूँ?'

अचानक एक दिन सुमति को प्रिंसिपल का तार मिला कि संदीप यहाँ नहीं है, वह आपके पास भी नहीं गया। पता लगा है कि वह कहीं पहाड़ों की ओर निकल गया है।

सुमति ने तार पढ़ा तो उसके पैरों के नीचे की जमीन खिसक गयी। प्रभात तब घर पर ही थे और बेटे को खिला रहे थे। वह दौड़ी-दौड़ी गयी। तार उसके हाथ में देते हुए बोली, 'संदीप कहीं चला गया।'

प्रभात ने किंचित् हैरानी से कहा, 'चला गया! कहाँ चला गया?'

'लिखा तो है पहाड़ों की ओर।'

प्रभात ने कहा, 'उसे ऐसा नहीं करना चाहिए था। वह यहाँ आ सकता था; पर मैं जानता हूँ वह मुझसे नफरत करता है, बेहद नफरत करता है।'

सुमति चीख उठी, 'तुम इस समय भी ऐसी बात कह सकते हो। तुम इसी क्षण मेरे साथ चलो। हमें उसे ढूँढ़ना होगा।'

प्रभात ने सुमति की ओर ऐसे देखा जैसे कोई बहुत साधारण बात हो। बोला, 'चलेंगे, लेकिन एकदम कैसे जाया जा सकता है? मुझे छुट्टी लेनी होगी, कुछ प्रबन्ध करना होगा...।'

सुमति चीख उठी, 'प्रभात! संदीप तुमसे नफरत नहीं करता, तुम उससे नफरत करते हो! तुम चाहते तो उसे बचा सकते थे। तुम जिम्मेदार हो इसके लिए। मैं जा रही हूँ और यह भी कहे जा रही हूँ, अब तुम्हारे पास नहीं लौटूँगी।'

वह इतनी उत्तेजित थी कि उसका स्वर निरन्तर तेज होता चला गया। उसने सामने रखी मेज को जोर से धक्का दिया, उस पर रखा कीमती गुलदान फर्श पर गिरकर टुकड़े-टुकड़े हो गया।

अब घण्टियाँ जोर-जोर से बजने लगीं। सुमति सहसा चीखकर उठ बैठी। 'नहीं, नहीं, वह ऐसा नहीं कर सकता।' उसी क्षण मोनिका घबराई हुई पास आयी। संदीप भी उठकर बैठ गया। सुमति ने अब चारों ओर देखा। वह समझ गयी, वह उसका अन्तर्मन ही था जो सपना बनकर उसके सामने साकार हो उठा था।

मोनिका ने बड़े प्यार से पूछा, "क्या बात है भाभी, कोई सपना देखा है तुमने?"

सुमति ने उत्तर दिया, "हाँ, सपना ही था। कितना भयानक, सच!"

मोनिका बोली, "सपने भी कहीं सच होते हैं भाभी, लो पानी पिओ और सो जाओ; रात अभी बाकी है।"

सुमति ने अभी भी अर्द्धतन्द्रा में कहा हो जैसे, "हाँ, रात अभी बाकी है। बहुत कुछ बाकी है, मैं वह सब नहीं होने दूँगी।"

"क्या सब नहीं होने दोगी, क्या कह रही हो?"

"कुछ नहीं, अब तुम सो जाओ और भूल जाओ जो कुछ मैंने कहा है। संदीप बेटे, तुम हमारे पास आ जाओ।" और वह लेट गयी।

मोनिका भी चली गयी। उसके अन्तर में एक भाषा उभर रही थी, जिसे वह पढ़ भी सकती थी और नहीं भी पढ़ सकती थी, लेकिन वह पढ़ना नहीं चाहती थी। क्योंकि अनजाने ही उसके मन में प्रभात के प्रति धीरे-धीरे आकर्षण सघन होता आ रहा था।

जैसे किसी ने पूछा हो, 'प्रभात! प्रभात यहाँ कहाँ से आ गया?'

मोनिका ने उधर ध्यान नहीं दिया। क्योंकि वह आवाज उसके अपने अन्तर में से ही उठ रही थी। वह जाकर पलँग पर लेट गयी और चादर ओढ़कर आँखें मीच लीं। लेकिन आँखें मीच लेने से ही तो नींद नहीं आ जाती।

उधर सुमति भी इसी स्थिति में थी। उसने संदीप को अपने से चिपका लिया था; आँखें बन्द कर ली थीं, लेकिन नींद नहीं आयी।

10

सुमति रात के उस भयानक स्वप्न से उबर चुकी थी। लेकिन वह स्वप्न भयानक ही नहीं, सत्य भी था, इसलिए उसने निश्चय किया कि वह अब इस प्रश्न को गहराने नहीं देगी। इसका समाधान उसे निश्चय ही करना है, और वह करेगी। इसी बीच में उसने एक समाचार-पत्र में देखा कि एक फर्म में पर्सनल असिस्टेंट की आवश्यकता है। उसने सब बातों को भूलकर तुरन्त उस पद के लिए आवेदन-पत्र भेज दिया और साथ ही प्रभात को फोन भी कर दिया कि अगर वह उस फर्म में या उस फर्म के बारे में कुछ जानता हो तो उसकी सहायता करे। मुझे इस समय इस पद की बेहद आवश्यकता है।

प्रभात ने सूचना पाकर सब बातों का पता किया और फर्म के बारे में भी जानकारी ली और सुमति से कहा, "फर्म अच्छी है, प्रतिष्ठा है उसकी, लेकिन वास्तविक बातें तो अन्दर जाकर ही पता लग सकती हैं। आवेदन-पत्र भेजने में कोई हानि नहीं है।"

सुमति आवेदन-पत्र भेज ही चुकी थी। उसे आश्चर्य नहीं हुआ जब पन्द्रह दिन बाद फर्म की ओर से इंटरव्यू के लिए पत्र मिला, और इंटरव्यू के बाद नियुक्ति का पत्र भी मिल गया। सुमति ने मुक्ति की साँस ली। कितना ही फौलादी इरादे का व्यक्ति क्यों न हो, कहीं-न-कहीं एक डर रहता है उसके अंतर में, जैसे किसी हत्यारे के अंतर में करुणा का भाव।

पहले दिन जब वह अपने कार्यालय पहुँची, उसके मन में निश्चय ही कुछ जिज्ञासाएँ, कुछ आशंकाएँ थीं; लेकिन उसने अनुभव किया कि जैसी पहली फर्म थी वैसी ही यह भी है। पहली से कुछ बड़ी है। मैनेजर है, दो सहायक मैनेजर भी हैं। स्टाफ अच्छा है। मैनेजर ने पहली भेंट में उससे साधारण बातें ही पूछीं, घर-परिवार की, और उसकी स्थिति जानकर सहानुभूति के शब्द भी कहे, विश्वास दिलाया कि उसे यहाँ किसी प्रकार का कष्ट नहीं होगा। उन्होंने यह भी बताया कि उसे उच्च सहायक मैनेजर के साथ भी काम करना होगा। फर्म के काम से कई बार बाहर भी जाना होता है, उसे कोई एतराज तो नहीं होगा।

सुमति ने सहजभाव से कहा, "नहीं, मुझे कोई भी काम करने में एतराज नहीं होगा। हाँ, जैसी मेरी घर की अवस्था है, मैं ज्यादा दिनों तक घर से बाहर नहीं रह सकती।"

मैनेजर ने उसे आश्वस्त करते हुए कहा, "ऐसी कोई बात नहीं है, सुविधानुसार सब व्यवस्था हो सकती है। आप काम आरम्भ कीजिए।"

कुछ दिन काम करने के बाद सुमति को लगा—और तो सब कुछ ठीक है, लेकिन उस सहायक मैनेजर की आँखों में एक ऐसी कुटिल स्मिति है जिसको कोई भी अनुभवी व्यक्ति समझ सकता है। लेकिन सुमति को अब इन सब बातों की चिन्ता नहीं रही थी। उसने कुछ ही महीनों में उस फर्म में अपना स्वतन्त्र स्थान बना लिया। सुविधानुसार वह किसी भी काम के लिए तैयार रहती थी; किसी को शिकायत करने देने का स्वभाव भी उसका नहीं था। उसके मन में स्वतन्त्र व्यक्तित्व की जो धारणा थी, वह वहाँ समझौता नहीं कर

सकती थी, इसी कारण अन्य कर्मचारी उसका सम्मान करते थे। देवेन्द्र बतरा सहायक मैनेजर भी प्रारम्भ में एक दूरी रखकर बात करते रहे, फिर वह दूरी न जाने कब मिट गयी और कब दोनों सहजभाव से फर्म की समस्याओं पर विचार करने लगे।

एक दिन सहसा मिस्टर बतरा ने सुमति से कहा, "आप इतनी सजग हैं और जिस सहज भाव से हर समस्या को लेती हैं, मुझे आश्चर्य होता है। आपको कभी डर नहीं लगता?"

सुमति ने मुसकराकर उत्तर दिया, "डर तो लगता है, पर डर से डर नहीं लगता।"

बतरा थोड़ा चकराए, "डर से डर, इसका क्या मतलब है?"

"मतलब स्पष्ट है, भयानक-से-भयानक समस्या सामने आने पर भी मैं घबराती नहीं, निर्णय लेने में मुझे बहुत सोचना नहीं पड़ता।"

मिस्टर बतरा ने आश्चर्य-मिश्रित प्रशंसा के भाव से सुमति की ओर देखा और कहा, "हमें ऐसा ही व्यक्ति चाहिए, और मैं जानता हूँ, अगर आप यहीं काम करती रहीं तो एक दिन जनरल मैनेजर के पद पर पहुँच सकती हैं। आपमें वह योग्यता है।"

सुमति ने किंचित् कृतज्ञता प्रकट करते हुए कहा, "इन शब्दों के लिए भी बहुत-बहुत शुक्रिया। लेकिन मैं उतनी महत्त्वाकांक्षी नहीं हूँ।"

"महत्त्वाकांक्षी होना क्या बुरा है?"

"बुरा तो नहीं है सर, लेकिन कभी-कभी न चाहकर भी वह करना पड़ता है, जो हम करना नहीं चाहते।"

मिस्टर बतरा का एक बार तो दिमाग चकरा गया; लेकिन फिर उन्होंने धीरे-से कहा, "आप ठीक कहती हैं मिसेज सुमति। मुझे खुशी है कि आप मेरे साथ काम कर रही हैं।"

और काम चलता रहा, कार्यालय में भी और घर में भी; लेकिन समस्याएँ दोनों जगह थीं। घर में प्रभात थे, मोनिका थी; दफ्तर में मिस्टर बतरा जो धीरे-धीरे उसकी ओर ऐसे बढ़ रहे थे जैसे छिपकली अपने शिकार पर।

उस दिन प्रभात बहुत अच्छे मूड में थे। वह उनके घर रोज नहीं

आते थे, इतना शिष्टाचार उन्हें मालूम था। परन्तु तीसरे-चौथे दिन वह व्यक्तिगत रूप से आते थे और फोन तो प्रायः रोज ही करते थे। उस दिन फोन पर उन्होंने सुमति से कहा, "देखो सुमति, मैं तुम्हारी सारी परिस्थिति को जानता हूँ। तुम्हें भी जानता हूँ और आशा है तुम भी मुझे अच्छी तरह जानती हो। तुम्हारी जैसी नारी से कुछ छिपा नहीं रह सकता। तुम्हारे प्रति मेरे मन में जो भाव हैं, उन्हें में शब्द नहीं दे सकता। चाहो तो तुम इसे प्रेम कह सकती हो, श्रद्धा भी कह सकती हो, और भी बहुत से शब्द हैं। लेकिन सुमति, तुम अच्छी तरह जानती हो कि मैं क्या चाहता हूँ।"

सुमति ने प्यार-भरे शब्दों में ऐसे कहा जैसे व्यंग्य कर रही हो, "ओह डॉक्टर प्रभात, क्या तुम यह कहना चाहते हो, तुम नहीं जानते मैं क्या चाहती हूँ।"

डॉक्टर प्रभात ने सहसा उत्तर नहीं दिया। इस चतुर रमणी की भाषा को समझना सहसा उसके लिए कठिन हो गया था। जिस तरह यथार्थ के सत्य के पीछे के रहस्य को पहचानना हर किसी के वश का नहीं है, वैसे ही सुमति की भाषा को पहचानना हर किसी के वश का नहीं। लेकिन प्रभात तो सुमति को बहुत दिनों से जानता है। हर परिस्थति में उसको देखा है। उसने अपने को कभी छिपाया नहीं, वह किसी भी स्थिति से डरती नहीं, समझौता भी नहीं करती। विलक्षण रमणी है वह और इसीलिए प्रभात का आकर्षण तीव्र से तीव्रतर होता जाता है। लेकिन अपने अन्तर में वह कहीं उससे डरता भी है। चूँकि पुरुष का अभिमान समझौता करना नहीं जानता और जब दो अहम् टकराते हैं तो उसका परिणाम अच्छा नहीं होता। इसलिए उसने सुमति से कहा, "क्या तुम मेरे घर खाने पर आ सकती हो?"

"मैं अकेली या...?"

"नहीं, नहीं, संदीप भी आ सकता है, मोनिका भी आ सकती है।"

सुमति बड़े जोर से हँसी, "मिस्टर प्रभात, अपने शब्दों का अर्थ जानते हो, दो क्षण पहले जो तुम कहना चाहते थे, उसका अर्थ यह नहीं है।"

प्रभात एक बार फिर पराजित हुआ। उसने धीरे से कहा, "मैं अपनी पराजय स्वीकार करता हूँ, तुम्हीं मार्ग दिखाओ।"

"वचन देते हो, मेरे मार्ग को स्वीकार करोगे?"

इस बार तो प्रभात चारों खाने चित्त हो गया। चक्रव्यूह में फँसकर अभिमन्यु की जैसी परीक्षा हुई थी, क्या उसकी भी वही दशा होने वाली है? क्या करे?

उधर से सुमति ने कहा, "जल्दी बोलो, पिताजी पुकार रहे हैं। तुम्हारा मुझ पर जो उपकार है उसे मैं भूल नहीं सकती; लेकिन डॉक्टर प्रभात, मैं जो हूँ उसे तुम स्वीकार नहीं कर पाओगे। वैसे तुम्हारा स्वागत है। तुम मुझे जहाँ बुलाओ, वहाँ मैं आ सकती हूँ। तुम पर मुझे विश्वास है।"

उत्तर की प्रतीक्षा किये बिना सुमति ने फोन रख दिया और डॉक्टर प्रभात 'हैलो, हैलो' करते रहे; फिर फोन का चोंगा पटककर खड़े हो गये। "इस नारी से लड़ा भी तो नहीं जा सकता।"

जैसे कहीं से कोई आवाज गूँज उठी, 'आवश्यकता लड़ने की नहीं है, सन्धि की है। और इस नारी को समझने में तुम्हें कोई कठिनाई नहीं हो सकती।'

प्रभात को लगा, अपने अन्तर में ही कितने 'स्व' छिपे रहते हैं। तब किसी को समझना सरल कैसे हो सकता है। यह सोचते हुए वह आगे बढ़ रहे थे कि सामने तेजी से आती हुई नर्स से टकरा गये। हड़बड़ाकर वह बोली, "सर, एक बहुत गम्भीर केस आया है आपका, तुरन्त वार्ड में पहुँच जायें। वहाँ बेड नं. 10 पर एक गम्भीर केस है।"

सब कुछ भूलकर वह वार्ड नम्बर छः की ओर बढ़ गया।

उधर सुमति फोन रखकर पिताजी के पास पहुँची तो वह कुछ चिंतित दिखायी दे रहे थे। उन्होंने सुमति को अपने पास बिठाकर धीरे-धीरे कहा, "देखो बेटा, हम अभागे जरूर हैं, लेकिन इस समय हमारी स्थिति बहुत अच्छी है। तुम्हारी ओर से मैं निश्चिन्त हूँ। जब तुम्हारी ओर से निश्चिन्त हूँ तो संदीप का कोई प्रश्न नहीं उठता। और शायद तुम यह नहीं जानतीं कि मैं यह भी अच्छी तरह समझता हूँ कि संदीप का अर्थ सौमित्र है।"

सुमति हठात् धक्क-से रह गयी। उसने कभी कल्पना भी नही की थी कि यह सीधा-सादा वृद्ध पुरुष इतने गहरे पैठ सकता है। उसने धीरे-से कहा, "आप सब कुछ जानते हैं तो फिर समस्या क्या है, आप क्या कहना चाहते हैं?"

संदीप उस समय अपने बाबा की बगल में सोया हुआ था। उसके कन्धे पर धीरे-से हाथ रखते हुए उन्होंने सुमति की ओर देखा, और कहा, "मैं तुमसे मोनिका के बारे में कुछ कहना चाहता हूँ।"

सुमति सहजभाव से बोली, "आप उसकी चिन्ता मुझ पर क्यों नहीं छोड़ देते।"

"बेटी, मैं चिन्ता की बात नहीं करता। आज मेरे एक बहुत पुराने मित्र मुझसे मिलने आये थे और उन्होंने मुझसे मोनिका के लिए लड़का सुझाया है। वह इस समय अमेरिका में है। वहाँ इन्जीनियर है। उसके पिता नहीं हैं। माँ है, एक भाई और बहन हैं। हम लोगों की जाति के हैं। तुम चाहो तो बात चला सकती हो। मुझे अपने दोस्त पर विश्वास है, पर उस परिवार के बारे में बहुत ज्यादा नहीं जानता।"

सुमति को आश्चर्य नहीं हुआ, ऐसा अनेक बार हो चुका है। उसने उसी सहज भाव से कहा, "पता लगाने में मुझे कोई आपत्ति नहीं है, लेकिन मेरी दृष्टि कहीं और है। मैं पहले वहाँ प्रयत्न कर देखना चाहती हूँ।"

पिताजी ने धीरे से कहा, "जैसी तुम्हारी इच्छा, लेकिन वह है कौन?"

"आप उसे जानते हैं; लेकिन मैं बताऊँगी नहीं। अभी मेरा प्रयत्न चल रहा है। आप बुरा मत मानिये।"

पिताजी हँस पड़े, "मैं बुरा मानूँगा और तेरी बात का? लेकिन बेटी, आँखें तो मेरे पास भी हैं। तेरा संकेत किस ओर है, इसका कुछ-कुछ अहसास मुझे है। लेकिन तू प्रयत्न करके देख। मुझे बहुत आशा नहीं है।"

शायद जीवन में पहली बार सुमति ने अपनी हार स्वीकार की। चुपचाप पड़ा रहनेवाला यह व्यक्ति जो धीरे-धीरे मृत्यु की ओर बढ़ रहा है, अपनी आँखें बन्द नहीं रखता। उसने धीरे-से चरण स्पर्श किये

और बोली, "मेरा काम प्रयत्न करना है, रास्ता खुला है। परिणाम जो होगा उसे हम स्वीकार करेंगे ही। आप आश्वस्त रहें।"

पिताजी ने कुछ उत्तर नहीं दिया। सिर्फ उसके सिर पर अपना हाथ फेरते रहे। उस क्षण दोनों की आँखें भीग आयी थीं। वे चाहते नहीं थे, फिर भी भावनाओं का ज्वार विवश कर देता है। वह उठने वाली थी कि संदीप ने आँखें खोल दीं। वह बाबा की चारपाई से उठकर तुरन्त माँ के पास आ गया। तभी मोनिका भी कॉलेज से लौट आयी। समस्या से मुक्ति पाकर वे चाय के प्रबन्ध में लग गयीं। बीच-बीच में हँसी के फव्वारे भी छूटते रहे। मोनिका आज बहुत प्रसन्न थी। कॉलेज में आज विद्यार्थी परिषद् में जो भाषण दिया उसकी सब ओर भूरि-भूरि प्रशंसा हो रही थी। "जानती हो भाभी, तब मैंने उनसे क्या कहा?"

"कहा होगा कि मेरे गुरु का प्रताप है।"

मोनिका चिहुँक उठी, "भाभी, तुमने क्या कोई मन्त्र सिद्ध कर रखा है। हर बात को जान लेती हो।"

सुमति ने मोनिका की ओर देखा, फिर धीरे-धीरे बोली, "जब दर्द और अनुभव दोनों मिल जाते हैं तो वही मन्त्र बन जाते हैं। चल, जल्दी से चाय पी ले, फिर मुझे तुझसे बात करनी है।"

मोनिका को लगा कि वह ताली बजाकर हँसते हुए कहे, 'भाभी, तुम क्या बात करना चाहती हो, वह मैं जानती हूँ। मन्त्र मैंने भी सीख लिया है।' लेकिन जैसे किसी ने उसकी वाणी पर अंकुश लगा दिया हो। वह कुछ नहीं बोली। बस एक बार दृष्टि उठाकर भाभी की आँखों में झाँका और गरदन झुका ली। सचमुच उसने भी मन्त्र सिद्ध कर लिया था।

11

उसी रात्रि के एकान्त में जब सब सो गये थे, सुमति ने मोनिका को अपने पास बैठाकर कहा, "तुम तो घर की स्थिति जानती ही हो और यह भी जानती हो कि पिताजी तुम्हारी तरफ से बहुत चिन्तित हैं।

उन्होंने आज मुझे बुलाकर इस बारे में बातें की थीं। तुमसे तो वह कुछ कह नहीं सके। अब मैं तुमसे स्पष्ट जानना चाहती हूँ कि तुम्हारा इस सम्बन्ध में क्या विचार है। तुम एक बार धोखा खा चुकी हो और विश्वास है कि तुमने उससे बहुत कुछ सीखा होगा। तुम निस्संकोच मेरे सामने अपना मन खोल सकती हो।"

जितनी देर सुमति बोलती रही, मोनिका उसके चेहरे पर दृष्टि गड़ाये रही। सुमति के बारे में विधाता भी आकर उसके दोष दिखाने की चेष्टा करें तो वह विश्वास नहीं करेगी, इतनी आस्था थी उसके प्रति, उसके मन में। लेकिन कभी-कभी कहीं दूर से एक विचार उसके मन में कोंध जाता और वह विचलित हो उठती। क्योंकि वह जानती थी वह डॉक्टर प्रभात के प्रति आकर्षित हो चुकी है। लेकिन वह यह भी जानती थी कि प्रभात उसे नहीं, सुमति भाभी को चाहते हैं। और सुमति भाभी उनको चाहकर भी नहीं चाहती। उनकी इस मान्यता से उन्हें कोई डिगा नहीं सकता। वह यह भी जानती है कि वह प्रभात से मुझे स्वीकार करने के लिए कहेंगी। ऐसी स्थिति में वह क्या करे? कितनी ही देर वह इसी समस्या में उलझी रही कि सुमति ने फिर पूछा, "तुम कुछ कहोगी नहीं क्या? क्या तुमने शादी न करने का निश्चय कर लिया है?"

मोनिका के मुख पर मुसकान उभर आयी। उसने सुमति की ओर देखकर कहा, "काश इतनी शक्ति मुझमें होती!"

"इसमें शक्ति की कोई जरूरत नहीं है। मैं तुम्हारे विचार जानना चाहती हूँ। पिताजी ने जिस लड़के के बारे में बताया है, मैंने सुना है कि तुम उसे जानती हो।"

मोनिका ने दृढ़ स्वर में कहा, "हाँ, जानती हूँ। अच्छा लड़का है; लेकिन मैं उसके साथ विवाह करना नहीं चाहती। क्योंकि मैं अपना देश नहीं छोड़ना चाहती। सम्भव भी नहीं दिखता। इसके अतिरिक्त मेरा कोई विशेष आकर्षण उसके प्रति नहीं है।"

"तो इसका अर्थ यह हुआ कि यह प्रस्ताव तुम्हें स्वीकार नहीं है। ठीक है, मैं पिताजी से बात कर लूँगी। लेकिन क्या तुमने स्वयं और किसी लड़के के बारे में सोचा है?"

"मैं झूठ नहीं बोलूँगी, लड़के मेरी जिन्दगी में कई आये; लेकिन मैं कभी कोई निर्णय नहीं कर सकी। एक निर्णय किया था, उसी ने मुझे इस प्रकार धोखा दिया। इसलिए अभी तक मैं कुछ नहीं सोच सकी हूँ।"

"डॉक्टर प्रभात के बारे में सोचा है कभी?"

लज्जा की एक गहरी लालिमा मोनिका के चेहरे पर आयी, बोली, "अपने सोचने मात्र से ही क्या हो जाता है कभी? उनसे मैंने खूब बातें की हैं। कोई परदा नहीं है हम दोनों के बीच। लेकिन मैं जानती हूँ, यह आकर्षण एकतरफा है। उन्होंने मुझमें कभी कोई रुचि प्रकट नहीं की। परोक्ष या अपरोक्ष किसी भी रूप में नहीं। वह मेरी उपेक्षा नहीं करते। स्नेह भी खूब करते हैं। लेकिन स्नेह और प्रेम में तो अन्तर है।"

हँस पड़ी सुमति, "बड़ी होशियार हो गयी है हमारी नन्दल बाईजी। स्नेह और प्रेम के अन्तर को समझती है।"

मोनिका भी हँस पड़ी, "आप नहीं समझतीं?"

"मैं तुम दोनों के बीच में कहाँ से आ गयी? मैं तो...।"

सहसा टोक दिया मोनिका ने, "इसका उत्तर तो डॉक्टर प्रभात ही दे सकते हैं।"

इस बार सुमति के हतप्रभ होने की बारी थी। कई क्षण वह मोनिका को देखती रही। फिर बोली, "देखूँगा, मैं तो निश्चय कर चुकी हूँ कि मैं विवाह नहीं करूँगी।"

मोनिका ने कहा, "कभी नहीं करोगी?"

"वह 'कभी' अभी बहुत दूर है। इसलिए इस समय उसका प्रश्न नहीं उठता। तब तक न तो तुम कुँवारी बैठी रहोगी और न डॉक्टर प्रभात ही अविवाहित रहेंगे। तुम्हें अगर आपत्ति न हो तो मैं प्रभात से बात करूँ।"

मोनिका ने सहज भाव से उत्तर दिया, "मैंने सब कुछ आपके ऊपर छोड़ दिया है। आप जो करेंगी, ठीक करेंगी। लेकिन मैं आपकी सम्पत्ति पर डाका डालूँ यह किसी भी तरह सम्भव नहीं हो सकता।"

सुमति एकदम हँस पड़ी, "मेरी सम्पत्ति तो बस संदीप है, उस

पर तू क्या डाका डालेगी! वह तो तेरे भैया की धरोहर है। उसे मैं किसी को कैसे दे सकती हूँ?"

मोनिका ने सहसा कोई उत्तर नहीं दिया। बस उठकर सुमति के चरण छू लिये। और उसके आगे सिर झुकाकर कहा, "मुझे आशीर्वाद दो भाभी, मैं तुम्हारी चरण-रज के योग्य भी हो सकूँ।"

सुमति ने धीरे-से उसके गाल पर चपत लगायी, "मुझे देवी बनाकर पूजना चाहती है क्या? हम भारतीयों का यही स्वभाव है, जिस व्यक्ति की शिक्षा का पालन हम नहीं करना चाहते, उसको देवता बना देते हैं और वह करने से बच जाते हैं जो उन्हें करना चाहिए। इसलिए मेरी नंदल बाईजी, मुझे पत्थर का देवता मत बनाओ। इनसान ही रहने दो।"

इस बार मोनिका हँस पड़ी, "आज यह इनसान ही तो खो गया है। खुदा तो मिलता है, पर आदमी कहीं नहीं मिलता।"

सुमति ने धीरे-से एक और चपत उसके गाल पर लगायी और कहा, "तो फिर मेरी समस्या सुलझ गयी। मुझे चिन्ता करने की जरूरत नहीं।"

लेकिन वह स्वयं चिन्ता कर पाती इससे पहले ही मौसम विभाग जिस तरह आगे आनेवाले तूफान की चेतावनी देता है, उसके अन्तर में बजती घण्टीयाँ उसे निरन्तर चेतावनी देती रहीं। आज ऑफिस पहुँचने पर उसे लगा जैसे कुछ अघटित घटने वाला है। मौसम विभाग वाले अघटित का पता वातावरण में आये परिवर्तन से लगा लेते हैं। लेकिन उसका एक रूप तो होता है, जैसे वे कहते हैं कि इस समय तूफान दक्षिण-पश्चिम तट पर स्थित है और बहुत शीघ्र ही उसके उत्तर की ओर बढ़ने की आशंका है। कल तक वह उड़ीसा के तट को पार कर जायेगा और 80 से 100 मील प्रति घण्टा की रफ्तार से हवाएँ चलेंगी। मल्लाहों को चेतावनी दी जाती है कि वे ऐसे समय में समुद्र में न जाएँ।

सुमति का कोई मौसम विभाग नहीं था। सब कुछ उसके अन्तर में था और वहाँ जब घण्टियाँ बजती थीं तो उसे अहसास हो जाता था कि तूफान आने वाला है। इन तूफानों को झेलती हुई वह

इतनी शक्तिशाली हो गयी है कि अपने स्वतन्त्र व्यक्तित्व की रक्षा कर सके। पर इधर उसे बराबर लग रहा है कि घण्टियों की आवाज तेज हो गयी है। तूफान में गति भर गयी है। और हवाएँ सौ मिल की रफ्तार से भी आगे बढ़ गयी हैं।

इस तूफान के मात्र दो पात्र थे, वह और उसके बॉस मिस्टर बतरा। वह अनुभव कर रही थी कि वह निरन्तर बे-लगाम होते जा रहे थे और दफ्तर के काम के बीच में कुछ ऐसी बातें करने लगे थे जिनका मनुष्य के निजी जीवन से सम्बन्ध होता है; जैसे—तुम सारी गृहस्थी का भार कैसे उठा लेती हो, यह काम करना तो पुरुष के लिए भी कठिन हो जाता है; तुम बड़ी दुस्साहसी हो। क्या तुम्हें कभी ऐसा नहीं लगता कि तुम्हें भी कोमल स्पर्श या मन को गुदगुदानेवाली बातों की आवश्यकता है?

सुमति उतने ही खुलेपन से उन्हें जवाब देती थी, “सर, आवश्यकता तो हर किसी को हर बात की होती है। मनुष्य की प्रवृत्तियाँ, उसका स्वभाव प्रायः एक जैसा ही होता है। जो अन्तर में दिखता है, वह बाहर भी होता है। कभी-कभी अशिक्षित व्यक्ति भी, अकसर ऐसी बातें कह जाते हैं जो उच्च शिक्षा प्राप्त व्यक्ति भी नहीं सोच सकते।”

मिस्टर बतरा ने कहा, “हाँ, तुम कहती तो ठीक हो, पर ऐसा क्यों होता है, सोचा है?”

“इसमें सोचने की क्या बात है। शिक्षित व्यक्ति बाधित होता है, शिक्षा से प्राप्त अपने सीमित ज्ञान से। उसका सारा कार्य-व्यवहार उसी ज्ञान की परिधि में घूमता रहता है। लेकिन जो अशिक्षित हैं, उनके चारों ओर कोई परिधि नहीं है। उनके पास बस उनके जीवन का अनुभव है। अनुभव और शिक्षा में अन्तर को तो आप जानते ही होंगे।”

मिस्टर बतरा कुछ चकित से सुमति की ओर देख रहे थे। एक-एक शब्द पर जोर देते हुए बोले, “हाँ, कुछ जानता हूँ, पर वह न जानने जैसा है। मैं अनुभव प्राप्त करना चाहता हूँ।”

हँस पड़ी सुमति, “भूल सकेंगे अपनी शिक्षा? पर जाने दीजिए,

आपको भी काम है, मुझे भी। अनुभव तो आदमी को स्वयं ही हो जाता है, उसके लिए प्रयत्न नहीं करना पड़ता।"

एक क्षण फिर चुप रहे थे मिस्टर बतरा और फिर बोले, "आपसे तो बहुत कुछ सीखा जा सकता है। कभी चलिए न मेरे साथ, जहाँ हम दफ्तर की बातें भूलकर अपनी बातें कर सकें।"

सुमति ने अनुभव किया जैसे उसके अन्तर में घण्टियों की आवाज बहुत तेज हो गयी है। लेकिन वह शान्त बनी रही, विनम्र स्वर में बोली, "सर, मेरे पास इतना समय ही कहाँ है कि मैं आप जैसे व्यक्तियों के साथ मिल-बैठकर अनुभव की बातें कर सकूँ। हम दोनों के बीच की दूरी भी कम नहीं है।"

मिस्टर बतरा ने एकदम उत्तर दिया, "वही दूरी तो मैं कम करना चाहता हूँ। मेरे पास भी बात करने के लिए तुम्हारे जैसा कोई प्रतिभाशाली व्यक्ति नहीं है। देखो न, कितना अच्छा लगता है तुम्हारे साथ दो क्षण बात करके। क्या ऐसा नहीं हो सकता, तुम आज शाम की चाय मेरे साथ पिओ?"

सुमति उस समय दो भागों में विभक्त थी। घण्टी की आवाज फिर बड़े जोर से बज उठी; लेकिन उसने क्षण में निर्णय कर लिया, "सर, निमन्त्रण के लिए बहुत-बहुत धन्यवाद। लेकिन मुझे इतना काम रहता है कि संध्या को कहीं जा नहीं सकती। घर में मेरे अतिरिक्त मात्र दो व्यक्ति हैं, मेरे ससुर जो लगभग अशक्त हो चुके हैं। मेरी ननद जो सांध्यकालीन कॉलेज में पढ़ाती है। दिन में मेरे बेटे को वह सँभालती है और शाम को सारा भार मुझ पर रहता है।

इस बार मिस्टर बतरा ने गम्भीर स्वर में अंग्रेजी में कहा, "ओह, आई सी।" फिर एकदम सहज स्वर में बोले, "तुम्हारी ननद को तो अच्छी छुट्टियाँ मिलती होंगी, किसी ऐसे ही दिन हम एक प्रोग्राम रखेंगे।"

तब सुमति ने कुछ जवाब नहीं दिया। और वह काम की बात करके बाहर चली गयी। लेकिन बतरा साहब का निमन्त्रण कहीं नहीं गया। हर तीसरे-चौथे दिन दोहराते थे। कभी-कभी तो वह इतने व्यथित हो उठते कि सुमति को लगता कि वह कितने अकेले हैं,

लेकिन तूफान की चेतावनी उसे निरन्तर सावधान करती रहती थी। फिर एक दिन ऐसा भी आया, जब उसने कुछ निश्चय कर लिया और जब मिस्टर बतरा ने अपना निमन्त्रण दोहराया तो सहजभाव से बोली, "आप जब इतना आग्रह कर रहे हैं तो कल मैं आपके साथ चल सकती हूँ।"

मिस्टर बतरा को यही आशा थी। वह तो सधे हुए खिलाड़ी थे, जानते थे जिस प्रकार चिड़िया साँप की दृष्टि के प्रभाव से नहीं बच सकती, उसी प्रकार उनके निमन्त्रण को अस्वीकार करना किसी नारी के लिए सम्भव नहीं हो सकता और एक बार स्वीकार कर लेने पर वह पिंजरे से बाहर नहीं जा सकती।

उधर सुमति ने भी बहुत कुछ सोचा था। सोचा ही नहीं, निर्णय भी कर लिया था। उसी के बाद उसने सहजभाव से उनका निमन्त्रण स्वीकार किया था। शतरंज के खिलाड़ी की तरह दोनों ने अपनी चालें निश्चित कर ली थीं।

एक बहुत बड़े होटल की जगमगाती दुनिया में सुमति के लिए कुछ भी आश्चर्यजनक नहीं था। सौमित्र के साथ बहुत कुछ देखा था उसने। इसलिए वह सब काम सहजभाव से करती गयी। धीमे रंगीन प्रकाश के लिए एकान्त कोने में मिस्टर बतरा ने अपनी टेबल पहले ही रिजर्व करा रखी थी। उनके वहाँ पहुँचते ही बैरा उपस्थित हो गया। उन्होंने पहले दो ठण्डे पेय लाने का आदेश दिया। कैसे क्या करना है, यह बैरे को समझा दिया। वह उसी के अनुसार करता रहा। वे दोनों धीरे-धीरे मुक्त मन से बातें करते रहे, मुसकराते रहे, हँसते रहे। इस बीच में उन्होंने सुमति से कहा, "माफ कीजिए, मिसेज सुमति, मैं आपके निजी जीवन में कोई दखल नहीं देना चाहता; लेकिन फिर भी मुझे लगता है कि आप जैसी प्रतिभाशाली नारी अपना जीवन एक ऐसे आदर्श के लिए नष्ट कर रही है, जिसका कोई अर्थ नहीं है। आपको अपने बेटे की बहुत चिन्ता है। बुरा न मानिये तो एक बात कहूँ।"

"जी, मैं सुन रही हूँ।"

"तुमको किसी योग्य व्यक्ति से विवाह कर लेना चाहिए। इस

आयु में बहुत आवश्यक है। अपने बेटे को आप किसी अच्छे पब्लिक स्कूल में रख सकती हैं।"

सुमति को इसी प्रश्न की आशा थी, इसलिए उसने धीर-गम्भीर स्वर में कहा, "सर, आप बुरा नहीं मानेंगे यदि मैं एक बात कहूँ।"

"हाँ, हाँ कहिए न, वही तो मैं सुनना चाहता हूँ।"

"तो सुनिये, कुछ बातें ऐसी होती हैं, जिनका जवाब नहीं दिया जा सकता है, अनुभव ही किया जा सकता है।"

और वह चुप हो गयी। मिस्टर बतरा एक क्षण तो स्तब्ध रह गये, फिर वह पूर्व रूप में आ गये और बोले, "शायद आप ठीक कहती हैं, यह अनुभववाली बात मुझे भी बहुत परेशान करती है। खैर छोड़िए। आप स्वतन्त्र हैं कुछ करने को, मैंने तो ऐसे ही सुझाया था।"

और फिर उन्होंने बात का रुख बदल दिया। सुमति उसी सहजभाव से बातें करती रही, लेकिन जब खाने के साथ मिस्टर बतरा ने दो गिलासों में वाइन उँड़ेली और एक गिलास सुमति के सामने रखा तो उसने बड़े विनम्र शब्दों में कहा, "सर, यह मैं नहीं पी सकती।"

"क्यों, यह तो डिनर का नियम है।"

"नियम हो सकता है। पर मैंने कभी नहीं ली, न कभी लूँगी।"

मिस्टर बतरा उससे पहले दो-तीन पैग पी चुके थे, इसलिए वह तेजी से बोले, "तुम्हारा बॉस तुम्हें वाइन ऑफर कर रहा है और तुम इनकार कर रही हो, यह शिष्टाचार के विरुद्ध है। इसमें नशा नहीं है, पीकर देखो।"

सुमति ने दृढ़ स्वर में कहा, "मैं सब कुछ जानती हूँ; लेकिन मुझे अफसोस है, मैं आपके आदेश का पालन नहीं कर सकती। यहाँ आप मेरे बॉस नहीं हैं।"

मिस्टर बतरा जोर से हँसे, बोले, "मैं भी कैसा हूँ, यहाँ भी आदेश देने लगा। यहाँ तो हम दोस्त हैं, दो प्यारे दोस्त। एक-दूसरे की भावनाओं को समझनेवाले दोस्त। नारी तो विशेष रूप से पुरुष की भावनाओं को समझती है।"

सुमति ने मुसकराकर दृढ़ स्वर में कहा, "समझती हूँ, तभी तो

मैं कहती हूँ कि मैं नहीं पिऊँगी।"

मिस्टर बतरा होश में नहीं थे। इस बार एकाएक क्रुद्ध हो उठे, "तुम्हें पीना होगा," फिर नरम पड़े, "प्लीज, फॉर कम्पनी सेक, केवल एक पैग।"

सुमति के अन्तर की घण्टियाँ बजनी बन्द हो चुकी थीं और वह दृढ़ता के साथ स्थिति का सामना करने के लिए तैयार थी। उसने इस बार कुछ तल्खी से जवाब दिया, "मिस्टर बतरा, मैंने कहा न, मैं इस मामले में आपका साथ नहीं दे सकती।"

"नहीं दे सकतीं तो आयी क्यों थीं?"

"क्या आने से पूर्व आपने मुझसे वचन लिया था कि मैं शराब पिऊँगी।"

"जो बात बिलकुल स्पष्ट है, उसके लिए वचन नहीं लिया जाता। वैसे सुमति, तुम्हें जानना चाहिए तुम कहाँ हो और किसके साथ हो।"

सुमति एकाएक उठ खड़ी हुई, "मैं सब कुछ जानती हूँ और सब कुछ जानती थी, इसीलिए तैयार होकर आयी हूँ। मैं अब आपके साथ काम नहीं कर सकती। यह लीजिए मेरा इस्तीफा, मैं जा रही हूँ।"

फिर विद्युत की गति से अपने वैनिटी बैग से इस्तीफे का लिफाफा निकाला, बतरा साहब के आगे रख दिया और बिना पीछे देखे वह तेज कदम रखती हुई वहाँ से चली गयी। क्षण के सहस्रवें भाग में यह सब घट गया। मिस्टर बतरा को जब होश आया तो वहाँ कोई नहीं था। केवल एक लिफाफा था जो उनकी आँखों में झाँक रहा था। एक क्षण में तो वह स्तब्ध रह गये, फिर उतने ही क्रुद्ध होकर उठ खड़े हुए। लेकिन सब कुछ बेकार था। एक हारे हुए जुआरी की भाँति अपनी कुरसी में धँस गये; उन्हें खाना खाना था, बिल का भुगतान करना था। वह बुदबुदाए, 'आने दो कल दफ्तर में, तब बताऊँगा इसका अर्थ क्या होता है। मैं इस्तीफा मंजूर नहीं करूँगा। मैं उसे बॉस के आदेश की अवहेलना करने के अपराध में बरखास्त कर दूँगा।'

लेकिन सवेरे जब वह सोकर उठे तो उनके अन्तर के तूफान ने उनके दर्द को ध्वस्त कर दिया था। वह सुमति को बरखास्त नहीं कर सकते थे। हाँ, इस्तीफा मंजूर कर सकते थे, वह उन्होंने किया। स्टेनो को बुलाकर सुमति के नाम एक पत्र लिखवाया—

"प्रिय श्रीमती सुमति,

मुझे बहुत खेद है, किन्हीं अज्ञात स्थितियों के कारण आपको त्याग-पत्र देना पड़ा। हमें आपसे पूरी सहानुभूति है। आपकी कार्य-कुशलता और कर्तव्यपरायणता से हम सभी प्रभावित रहे हैं। काश कि आप हमारे साथ काम करती रहतीं ! लेकिन जो नहीं हो सकता उसके लिए अफसोस कैसा? इस पत्र के साथ मैं आपके वेतन का चैक भी भेज रहा हूँ।"

इस प्रकर सुमति ने एक बार फिर इस्तीफा दे दिया और उसके अन्तर के अन्धकार में प्रकाश का जो वृत्त था, उसमें से उसके जीवन-साथी सौमित्र ने उसका पूर्ण समर्थन किया, उसे शक्ति मिली और वह सब कुछ भूलकर फिर सहज हो आयी।

अब उसके सामने एक और समस्या थी। लेकिन वह अब तक समस्याओं से ही जूझती रही थी, इसलिए एक बार फिर उसने अखबारों के विज्ञापनों पर दृष्टि डालनी शुरू की। सहसा एक दिन उसकी दृष्टि एक छोटे-से विज्ञापन पर गयी। उसमें लिखा था, 'आवश्यकता है एक ऐसे सहयोगी की जो साहित्यिक-रुचि का हो और एक जाने-माने साहित्यकार के साथ काम कर सके।'

उसने तुरन्त लाल पेन्सिल से उस विज्ञापन को रेखांकित किया और कुछ ही घण्टे में तैयार होकर, दिये हुए पते पर पहुँच गयी। घनी बस्ती में दुमंजिले पर एक छोटा-सा घर था। उसी के कमरे में वे साहित्यकार रहते थे। आयु ढलान पर थी, लेकिन चेहरे की दीप्ति भ्रम पैदा करती थी। सुमति उनको बहुत बार देख चुकी थी, मिल भी चुकी थी। उनकी रचनाएँ भी पढ़ी थीं। इसलिए एक क्षण में ही सारी द्विविधाएँ दूर हो गयीं। उसने अपना परिचय देते हुए कहा, "मैं आपकी प्रशंसिका हूँ। मुझे आपके साथ काम करने में खुशी होगी।"

लेखक महोदय का नाम हिमांशु श्रीवास्तव था, लेकिन वे लिखते सुशील के उपनाम से थे। इसी नाम से सब उन्हें जानते थे। उन्होंने उत्तर दिया, "जी हाँ, मुझे खुद अच्छे सहयोगी की आवश्यकता है। अगर आप मुझे जानती हैं तो यह भी जानती होंगी कि मेरी जरूरतें क्या हैं और जहाँ तक मैं समझता हूँ आप यह सब सोचकर ही आयी हैं। इसलिए आप आज से ही काम पर आ सकती हैं। कितने घण्टे आप दे सकेंगी?"

सुमति ने कहा, "अगर मैं आपके साथ चार घण्टे काम करूँ तो क्या वह काफी होगा?"

"काफी होने का मेरे पास कोई प्रश्न नहीं है। आप सुविधा से जितना दे सकें। देखिए, वेतन जैसी चीज का प्रश्न मेरे साथ नहीं है। न दफ्तरों की तरह कोई बन्धन है। बस आप काम को समझ लीजिए और उसे अपना ही समझकर कीजिए तो मुझे बहुत सुविधा रहेगी।"

सुमति को बहुत अच्छा लगा। उसने हँसकर कहा, "आप सचमुच सर्जक हैं। मैं कल सुबह नौ बजे आऊँगी और एक बजे तक आपकी सहायता करूँगी। समय का बन्धन आपके लिए नहीं है तो मेरे लिए भी नहीं है। मैं इसे अपना ही घर समझूँगी।"

सुशील ने मुसकराकर उत्तर दिया, "यही तो मैं चाहता हूँ। देखिए, नियति भी कैसा खेल खेलती है। कितने वर्षों से मैं आप जैसे सहयोगी की तलाश में था। आप अब स्वतन्त्र हैं, कुछ भी करने को। मैं आप पर निर्भर रहूँगा।"

सुमति खुशी-खुशी घर लौटी, सबको यह समाचार सुनाया। उसे लग रहा था, वह जेल से मुक्त हो गयी है और अन्तहीन विस्तार में उड़ रही है। काम भी उसकी रुचि का था और उसे यह भी लग रहा था कि प्रौढ़ लेखक महोदय, जो काफी प्रसिद्ध थे, संकट के क्षणों में उसकी सहायता कर सकेंगे और मोनिका के जाने के बाद वह अकेलापन महसूस नहीं करेगी।

लेकिन मोनिका का जाना ही तो एक समस्या थी, जिसको सुलझाना बहुत सरल नहीं था। न जाने क्यों, उसे विश्वास हो चला

था कि वह उसे सुलझा लेगी। उसे समझने वाला एक व्यक्ति उसे मिल गया है। ऐसा नहीं कि वह लेखकों को जानती नहीं थी, उनमें से बहुत से मिस्टर बतरा की जाति के थे या होते हैं; लेकिन न जाने क्यों सुशील के चेहरे पर खिली-खिली मुसकान में उसे गहरी आत्मीयता महसूस हुई।

तभी सहसा उसके अन्तर में छोटी घण्टियाँ बज उठीं और एक मधुर खिलखिलाहट दो क्षण के लिए उभरी और फिर मिट गयी। वह उसका अर्थ समझती थी; वह स्वयं ही तो हँसी थी, मनुष्य को पहचानने के अपने दावे पर।

12

सुमति ने फोन पर प्रभात को सब बातें बता दीं। प्रभात ने मुसकराते हुए उसे बधाई दी। बोला, "लेकिन सुमति जी, लेखकों की जाति भी कम खतरनाक नहीं होती।"

सुमति ने उत्तर दिया, "आप लेखक क्यों कहते हैं, पुरुष कहिए न! उसमें सभी आ जाते हैं। नारी के सम्बन्ध में पुरुष के विचार क्या आप जानते नहीं। भूमि की तरह नारी को वह अपनी सम्पत्ति समझते हैं। लेकिन अपवाद तो हर कहीं होते हैं। आप भी तो एक अपवाद हैं। कितना सहारा दिया है आपने हमें और कभी उसका मूल्य भी नहीं चाहा।"

प्रभात ने बहुत धीमे-से उत्तर दिया, "स्वतन्त्र व्यक्तित्व की स्वामिनी होकर भी तुम कम नादान नहीं हो। मूल्य के न जाने कितने रूप होते हैं।"

हँस पड़ी सुमति, "किसी गलतफहमी में न रहना प्रभात। वे सब भी मैं जानती हूँ। अच्छा छोड़ो इन बातों को, कुछ काम की बात करो। कल शाम को आ सकोगे? बहुत जरूरी बातें करनी हैं आपसे भी।"

उधर से आवाज आयी, "तनिक ठहरो," और फिर दो मिनट बाद प्रभात ने कहा, "कल तो नहीं, परसों आ सकता हूँ, चलेगा?"

"ठीक है, मैं राह देखूँगी।" और उसने फोन रख दिया।

'राह देखूँगी' का डॉक्टर प्रभात ने जाने क्या अर्थ लगाया और वह उल्लास से भर गया और देर तक किसी अनन्तलोक में विचरता रहा, एक मादक सुगन्ध से आवेष्ठित।

तीसरे दिन वह समय पर सुमति के घर पहुँचा। मोनिका कॉलेज चली गयी थी। संदीप अपने बाबा के साथ किसी शादी में गया हुआ था। घर पर वह अकेली थी। प्रभात को देखते ही बोली, "आओ डॉक्टर! मैं तुम्हारी ही राह देख रही थी।"

प्रभात ने कहा, "किसी की राह देखना किसी को कितनी मादकता से भर जाता है।"

"ओह प्रभात, सपनों ने तुम्हारा पीछा नहीं छोड़ा, अच्छा बैठो, मैं कॉफी बनाकर लाती हूँ। याद रखिएगा, कॉफी में मादकता नहीं होती, कड़वाहट होती है।"

कहीं जोर से घण्टियाँ बज उठी थीं, सुमति किचन में चली गयी थी और प्रभात अनबूझ-सा शून्य में ताक रहा था। उसे सहसा लगा जो कल्पनाएँ उसने की थीं, वे सब शून्य में विलीन हो गयीं और उसके सामने है एक कठोर सत्य, जिसकी आशंका उसके मन में सदा रहती थी।

कॉफी देर तक वे दोनों चुपचाप कॉफी के घूँट भरते अपने अन्तर में ही उमड़ते-घुमड़ते रहे। फिर सहसा प्याले को मेज पर रखते हुए सुमति ने कहा, "डॉक्टर प्रभात!"

प्रभात ने टोका दिया, "तुम इस डॉक्टर शब्द को नहीं भूल सकतीं। मैं डॉक्टर हूँ पर हस्पताल में और तुम्हारा घर हस्पताल नहीं है। यहाँ मैं डॉक्टर के रूप में नहीं आता हूँ। विशेषकर तुम्हारे लिए मैं डॉक्टर कभी नहीं रहा।"

सुमति ने मुसकराकर उत्तर दिया, "ठीक है प्रभात, लेकिन यह भावुकता क्या एक डॉक्टर को शोभा देती है? मैं जब तुम्हें डॉक्टर कहकर सम्बोधित करती हूँ तो उसका वही अर्थ होता है जो मात्र प्रभात कहने का।"

प्रभात ने कोई उत्तर नहीं दिया। फिर दोनों कई क्षण के लिए

चुपचाप गहराते रहे; लेकिन समस्या का हल अपने अन्तर में गहराने से तो होता नहीं। इसलिए सुमति ने साहस बटोरे और सीधे आक्रमण की मुद्रा में कहा, 'देखो प्रभात, मैं आज तुमसे कुछ स्पष्ट बातें करना चाहती हूँ।"

प्रभात ने उत्तर नहीं दिया, बस सुमति के मुख की ओर देखता रहा।

सुमति ही बोली, "तुम तो जानते ही हो कि हमारे घर की स्थिति क्या है। पिताजी वृद्ध हैं, कुछ अधिक करना उनके लिए सम्भव नहीं। बेटे की मौत ने उनको तोड़ दिया है। और संदीप है, जिससे कुछ आशा रखना व्यर्थ है। उसका दायित्व तो पिताजी से भी बढ़कर मुझ पर है, क्योंकि वह सौमित्र का प्रतीक है। लेकिन इन दोनों को मैं सहजभाव से सँभाल सकती हूँ। प्रश्न मोनिका का है और वह प्रश्न क्या है यह तुम बहुत अच्छी तरह जानते हो। उसका विवाह होना चाहिए। यह मैं इसलिए कहती हूँ कि वह एक बार चोट खा चुकी है। हर पुरुष को वह संदेह की दृष्टि से देखती है। स्वाभाविक है, इसलिए उससे यह आशा रखना कि वह अपना साथी स्वयं ढूँढ़ लेगी, व्यर्थ है। उसका दायित्व भी मुझ पर है। और वही सबसे कठोर और जटिल है।"

प्रभात अब धीरे-धीरे सारी स्थिति को समझ रहा था और तैयार कर रहा था अपने को उस आक्रमण के लिए जो अब सुमति की ओर से होने वाला था; एक अहिंसक, पर इतना ही कठोर आक्रमण। तभी सहसा सुमति बोल उठी, कहीं दूर से, "प्रभात, तुम अचानक न जाने कहाँ से आ गये और कितना कुछ दिया तुमने एक दुखी परिवार को बिना कुछ चाहे। तुम्हारी जैसी जाति के बहुत लोग नहीं हैं इस संसार में।"

प्रभात सहसा बोल उठा, "कुछ शब्द बचाकर भी रख लो, आगे काम आएँगे। तुम क्या चाहती हो मुझसे, क्या करने को कहती हो? तुम मुझे बहुत अच्छी तरह पहचानती हो, मेरी भावनाओं को भी जानती हो, फिर यह कूटनीति क्यों?"

सुमति ने अत्यन्त शान्तभाव से कहा, "यह कूटनीति नहीं

प्रभात, यह कठोर सत्य है; तुम्हें इसका सामना करना पड़ेगा। तुम मेरे मुँह से सुनना चाहते हो। तुम तो अच्छी तरह जानते हो कि मैं कुछ नहीं छिपाती। मैं देख रही हूँ कि प्रारम्भ से ही तुम मेरी ओर आकर्षित रहे। मैं यह भी जानती हूँ कि उन संकट के दिनों में तुमने कभी इस ओर संकेत नहीं किया; पर आँखें तो दिल का दर्पण हैं। जैसे-जैसे दिन बीत रहे थे वैसे-वैसे तुम्हारा आकर्षण मकनातीस की सुई की तरह मुझ पर केन्द्रित होने लगा था। हर बात शब्दों में नहीं कही जाती क्योंकि शब्दों में इतनी शक्ति होती ही नहीं, जितनी शक्ति मौन में गहराते अर्थ में होती है। लेकिन क्या यह भी सच नहीं कि मैं इस आकर्षण का उत्तर देने में असमर्थ हूँ। मेरे अन्तर में तुम्हारे लिए बहुत जग है, बहुत प्यार है; लेकिन जो स्थान वहाँ रिक्त है, उस तक पहुँचने से मैं तुम्हें सदा रोकती रही। तुम कभी वहाँ नहीं पहुँच पाओगे। बहुत स्पष्ट कह रही हूँ मैं।"

प्रभात ने फिर दृष्टि उठाकर सुमति की ओर देखा। वह सब कुछ समझ गया था। बोला, "इस निर्भ्रांत स्पष्टता के लिए मैं तुम्हारी प्रशंसा ही करूँगा; पर सुमति, तुम भी तो जानती हो कि सब पुरुष एक जैसे नहीं होते।"

सुमति ने कहा, "जानती क्यों नहीं, इसलिए तो कहती हूँ कि तुम वह धृष्टता मत करो। तुम भी औरों जैसे मत बनो। मुझे दुर्बल न बनाओ, मुझे शक्ति दो। आकर्षण का अर्थ केवल शारीरिक सम्बन्ध ही नहीं है, केवल विवाह ही नहीं है, कुछ और भी हो सकता है।"

"लेकिन, लेकिन...!" प्रभात शब्दों की खोज में लड़खड़ाया, फिर वह साहस करके बोला, "लेकिन मेरी बात भी तो सोचो।"

सुमति ने उत्तर दिया, "तुम्हारी बात सोचकर ही तो कह रही हूँ। तुम्हें अपना न समझती तो क्या ये सब बातें कह पाती?"

सीधे सुमति की आँखों में झाँकते हुए प्रभात ने दृढ़ स्वर में पूछा, "तुम क्या चाहती हो मुझसे?"

सुमति हँसी, "वह भी तुम जानते हो।"

"अर्थात् मैं मोनिका से विवाह कर लूँ।"

एक दीर्घ निःश्वास निकल गया सुमति के अन्तर से। उसने धीमे स्वर में बहुत स्पष्ट कहा, "हाँ, मैं यही चाहती हूँ। इसी में मेरा हित है और मोनिका का भी। तुम मेरे लिए मोनिका को स्वीकार नहीं करोगे बल्कि मोनिका के लिए भी। प्रभात, क्या तुम जानते हो कि मोनिका तुम्हें कितना चाहती है?"

फिर एक मौन उन दोनों के बीच में गहराने लगा। वह इतना त्रासद था कि दोनों छटपटा उठे। सुमति ने फिर दोहराया, "प्लीज प्रभात, तुम सोच लो, अच्छी तरह सोच लो कि तुम क्या चाहते हो और उस क्या चाहने का अर्थ क्या है, उसका परिणाम क्या होगा। मेरे सामने सब कुछ स्पष्ट है। तुम मुझे चाहते हो, लेकिन मैं तो अलभ्य हूँ। मोनिका तुम्हें चाहती है और तुम सहज उपलब्ध हो।"

प्रभात ने दृष्टि उठाकर प्रश्न किया, "तुम सहज उपलब्ध नहीं हो?"

"नहीं हूँ, मैं सहज उपलब्ध नहीं हूँ। मेरी स्वतंत्र सत्ता जिसके लिए मैं लड़ रही हूँ सचमुच स्वतंत्र सत्ता नहीं है, वह किसी ऐसी डोर से बँधी हुई है जो सघन भी है, सक्षम भी है, सुगम भी है और सुप्रिय भी। हो सकता है तुम मुझे पा सको पर संदीप को तो कभी नहीं पा सकोगे। तब क्या होगा यह कल्पना करके देखो। तुम मोनिका के जीवन-साथी बनोगे तो मेरी शक्ति भी बने रहोगे। मेरे जीवन-साथी बनोगे तो मुझे पा नहीं सकोगे। वह मात्र शरीर का सम्बन्ध ही हो सकता है। शायद वह भी न हो। क्योंकि मैं संदीप को किसी भी मूल्य पर अपने से अलग नहीं करूँगी और उसे अलग किये बिना तुम्हें पाया नहीं जा सकता। क्या तुम उस त्रासद स्थिति को स्वीकार करोगे? आत्महन्ता बनोगे?"

प्रभात चकित रह गया कि सामने जो नारी बैठी है, कितनी गहरी है, कितनी सजग है, प्रेम से प्लावित, दायित्व और विवेक उसे स्वतन्त्र सत्ता नहीं दे सकते। मैं इतना गहरे नहीं जा सका था। संदीप की समस्या मात्र एक बालक या व्यक्ति की समस्या नहीं है। वह पूरे मानव समाज की समस्या है। क्या करे वह, क्या करे?

उसने अपना सिर मेज पर टिका दिया। उसकी आँखों में आँसू

उमड़ रहे थे जिन्हें वह सुमति को नहीं दिखाना चाहता था। सुमति तो उन्हें बहुत देर से देख रही थी। वे आँसू ही तो उसकी शक्ति थे। उसने अपना हाथ उसके कन्धे पर रखा, थपथपाया और बड़े प्यार-भरे शब्दों में कहा, "दुर्बल मत बनो प्रभात, समझने की चेष्टा करो, समझ जाओ। मैं इसी क्षण उत्तर नहीं चाहती। इसके लिए दूरी आवश्यक है; तभी हम तटस्थ भाव से सोच पाएँगे। इसलिए तुम मेरी ओर से मुक्त हो, कुछ भी निर्णय करने के लिए। मैंने अपना मन खोल दिया है, वहाँ अब कुछ रहस्य नहीं रह गया है। मैं जानती हूँ तुम इस समय बहुत व्यथित हो। चाहो तो घर जा सकते हो। तुम्हारे उत्तर की राह देखूँगी। पर मुझे विश्वास है कि मेरा प्रभात मुझे राह में छोड़कर नहीं चला जायेगा, अन्त तक मेरी शक्ति बना रहेगा।"

प्रभात ने अपना सिर ऊपर उठाया। उसकी आँखें रक्तवर्णी हो आयी थीं। चेहरे को गहरी उदासी ने एक प्रकार के पीलेपन से आवेष्ठित कर दिया था। वह उठा और चुपचाप बाहर चला गया। उसके पदचाप शान्त होते-होते सुमति ने अपना सिर मेज पर पटक दिया। फफक उठी, "सौमित्र, तुम मुझे इस तरह क्यों बाँध गये, क्यों बाँध गये!"

तभी द्वार पर फिर दस्तक हुई, किवाड़ खुले और संदीप दौड़ता हुआ अन्दर आया। उसके पीछे-पीछे पिताजी भी थे। उसने तुरन्त आँचल से अपने आँसू पोंछ लिये, मुसकराई और संदीप को अपने पास खींचकर बोली, "क्या देखा तुमने शादी में?"

संदीप उत्फुल्ल स्वर में ब्यौरेवार सब घटनाओं का वर्णन करने लगा। सुमति उसकी बात सुन रही थी और पिताजी की भी। वह कह रहे थे, "कैसे हैं ये लोग। वर पक्ष के लोग सम्भ्रान्त परिवार के थे, लेकिन परोक्ष रूप में दहेज माँगने में उन्होंने कोई संकोच नहीं किया।"

सुमति इन शब्दों में पिताजी के दर्द को प्रत्यक्ष देख सकी। उसने पूरे आत्मविश्वास के साथ उत्तर दिया, "आप चिन्ता न करें पिताजी। मैं यह सब कुछ नहीं होने दूँगी।"

तब तक मोनिका भी आ गयी थी और वे बहुत देर तक शादी की बातें करते रहे।

रात गहराने लगी थी। मोनिका और सुमति ने खाना खाया। जीवन का एक और दिन बीत गया। लेकिन सुमति के लिए यह बीतना मात्र सोना नहीं है; वह अन्तर में घुमड़ती है, सोचती है और उसका वही सोच अन्धकार में प्रकाश का एक वृत्त बन जाता है। जिसमें उसकी अपनी आवाज सौमित्र की आवाज बन जाती है। क्योंकि वह सौमित्र है। चारों ओर उसे सौमित्र ही दिखाई देता है संदीप सौमित्र ही तो है, छोटा सौमित्र। उसको वह किसी तरह भी पिता के अभाव का अनुभव नहीं होने देगी। तभी सहसा उस अन्धकार में प्रकाश का वृत्त उभर आता है और उस वृत्त के अन्तर में से मधुर मादक स्वर उभरता है, जैसे कोई गा रही हो–

त्वमेव माता च पिता त्वमेव,
त्वमेव बंधुश्च सखा त्वमेव,
त्वमेव विद्या द्रविणं त्वमेव,
त्वमेव सर्वं मम देव देव।'

उस मधुर गायन को सुनते-सुनते सुमति जाने कहाँ खो गयी। वहाँ कोई नहीं था। केवल वह थी और था अनन्त विस्तार; लेकिन मौन होकर भी कितना वाचाल, निर्जन होकर भी कितना गुंजरित। ऐसी अवस्था में सुमति को कैसे और कब नींद आ गयी, पता नहीं।

13

प्रभात कई हफ्ते तक नहीं आया, न उसका फोन ही आया। सुमति ने एक-दो बार प्रयत्न किया। एक बार वह सफल हो सकी, उसने धीरे-से कहा, "मैं सुमति बोल रही हूँ, कैसे हो प्रभात?"

"अच्छा हूँ, आजकल हॉस्पिटल में काम ज्यादा है, वायरल फीवर और पीलिया फैला हुआ है, इसलिए हॉस्पिटल मरीजों से भरा रहता है। यहाँ-से-वहाँ और वहाँ-से-यहाँ भागते-भागते ही दिन बीत जाता है। कभी-कभी तो रात को भी जाना पड़ता है। डॉक्टर हूँ न..."

सुमति मजाक के मूड में थी। बोली, "शादी कर लीजिए, कुछ तो राहत मिलेगी।"

प्रभात स्वभाववश एकदम कह गया, "अरे नहीं, सुमतिजी, वह बेचारी भी परेशान हो उठेगी।"

सुमति ने अब कुछ जवाब नहीं दिया, इतना ही पूछा, "इधर कब आ रहे हो?"

"तुम्हारे प्रश्न का उत्तर अभी नहीं मिला। मिल जायेगा तभी आऊँगा।"

सुमति ने फिर पूछा, "मोनिका से मिले थे कभी?"

उत्तर था, "एक बार देखा था, पर पास जाने का साहस नहीं हुआ।"

सुमति हँस पड़ी, "समझ गयी!इसीलिए मैं कहती हूँ कि जल्दी से बन्धन में बँध जाओ; दोनों की परेशानी मिट जायेगी।"

डॉक्टर प्रभात ने हँसते हुए कहा, "मुझे कोई पुकार रहा है। सो लाँग।" और फोन रख दिया।

सुमति ने विशेष कुछ नहीं सोचा। वह अपने काम पर जा रही थी और वहाँ कुछ ही दिन में उसका मन रम गया था। सुशील उससे पत्रों के उत्तर लिखवाते, लेख भी बोलते और बीच-बीच में किसी भी समस्या को लेकर दोनों आपस में उलझ जाते। सुमति को वे क्षण बहुत प्यारे लगते और वह प्रश्न-पर-प्रश्न करती चली जाती। उधर उसकी कहानी सुनकर सुशील के मन में उसके प्रति कुछ श्रद्धा का, कुछ आदर का भाव जाग आया था। उसने बहुत-से विषयों पर लिखा था, लेकिन ललित साहित्य में सबसे अधिक उसका ध्यान केन्द्रित हुआ था तो नारी-समस्या पर। इसलिए उसने जब धीरे-धीरे टुकड़ों में सुमति के परिवार की कहानी सुनी तो उसके प्रति उसके मन में और भी ममत्व जाग आया। वह सहज भाव से अपने कथानकों पर उससे चर्चा करता, अपनी रचनाओं पर उसकी राय माँगता। तब उसे लगता कि यह नारी तो सचमुच बहुत गहरी है। किसी विधा का विशेष ज्ञान भले ही न हो, लेकिन उसके जीवन के थपेड़ों ने उसे गहरे अनुभवों से मालामाल कर दिया था। वह पढ़ती थी खूब। कभी-कभी सुशील उसे कोई कहानी बोलकर लिखवा रहे होते, तब उन्हें लगता कि उनके लिखे हुए और बोले हुए में कितना अनुपात है। लिखते

तीस प्रतिशत, बोलते सत्तर प्रतिशत। कभी-कभी सुशील कह उठते, "सुमतिजी, आपसे बातचीत करना बहुत अच्छा लगता है। मनुष्य हर समय सीखता है, हर किसी से सीखता है तभी तो वह अच्छा लिख पाता है। कभी-कभी तो वह जानता ही नहीं कि जो कुछ उसने लिखा है, वह उसी का लिखा हुआ है।"

इस प्रकार कुछ ही दिनों में सुशील को लगा कि सुमति उसके लिए अनिवार्य हो गयी है। लेखक के लिए किसी पर निर्भर होना बहुत अच्छा नहीं होता; लेकिन साथ ही यह भी बहुत सच है कि अन्तःप्रक्रिया में से अच्छे साहित्य का सर्जन होता है।

कभी-कभी वे दोनों सब कुछ भूलकर अपने निजी जीवन की बातों में गहरे डूब जाते। साहित्य के लिए ये अनुभव ही तो महत्त्वपूर्ण होते हैं। इन्हीं क्षणों में जहाँ उसने अपने साहित्य के लिए सामग्री पायी, वहीं सुमति के परिवार के व्यक्तिगत जीवन में उसकी रुचि बढ़ गयी।

एक दिन सुमति बहुत उदास थी। उसने पूछा, "क्यों, आज क्या बात है?"

जवाब मिला, "कुछ नहीं।"

"कुछ तो है। तुम तो सदा मुसकराती रहती थीं, नहीं कुछ तो बात है।"

एक क्षण तो सुमति झिझकी, फिर बोली, "सच, आपसे कुछ नहीं छिपाऊँगी। मुझे लगता है कि पूर्वजन्म होते हैं और आप किसी-न-किसी जन्म में मेरे कुछ-न-कुछ रहे होंगे। संयोग से अब फिर आ मिले हैं।"

सुशील ने उत्तर दिया, "मैं तो पूर्वजन्म को मानता नहीं और यहाँ आने के कुछ महीनों पहले मेरा तुमसे कोई घनिष्ठ परिचय भी नहीं था; लेकिन हमारे एक मित्र थे। उन्हें अंक ज्योतिष का बड़ा ज्ञान था। ऐसा लगता है, मेरे और तुम्हारे नम्बर एक हैं। वैसे मैं बता दूँ, मुझे इन बातों में विश्वास नहीं है।"

सुमति ने कहा, "न हो, कुछ तो है जो दो आदमियों को इतना पास ले आता है।" सुमति ने गम्भीर स्वर में कहा, "मैं इन सब बातों के बारे में बहुत नहीं जानती, पर इतना निश्चित रूप से जानती हूँ

कि आपसे अपने मन की बात कहने में कोई हानि नहीं है।"

सुशील ने कहा, "तुमने मेरे अन्तर में न जाने कैसे-कैसे गुण खोज निकाले, मैं तो स्वयं नहीं जानता।"

"कस्तुरी मृग नहीं जानता कि उसकी नाभि में कस्तूरी है।"

सुशील ने उत्तर दिया, "कस्तूरी मृग के बारे में तो यह बात ठीक है, लेकिन मनुष्य के बारे में आप जल्दी ही किसी परिणाम पर मत पहुँच जाइए। एक मनुष्य के अन्दर न जाने कितने मनुष्य होते हैं। वहाँ नन्दिनी गाय भी हो सकती है, खूँखार भेड़िए भी। न जाने कब कौन प्रकट हो जाये। खैर आप अपनी बात अवश्य कहिए।"

सुमति ने धीरे-धीरे स्पष्ट शब्दों में अपनी सारी व्यथा-कथा कह सुनायी।

सुशील स्तब्ध रह गया। साथ ही सुमति के प्रति उसके मन में श्रद्धा का गहरा भाव पनप उठा। उसे ऐसी ही नारी की तो खोज थी और वह आज हाड़-मांस की नारी के रूप में उसके सामने बैठी थी। उसने धीरे-से कहा, "तुम्हारी प्रशंसा करके मैं तुम्हें खुश करना नहीं चाहता। लेकिन यह सच है कि तुम जैसी नारियाँ मैंने बहुत कम देखी हैं। आजकल एक दूसरे रूप में ही यही समस्या सारे संसार को त्रस्त किये हुए है। बच्चे की माता विधवा होने के बाद किसी दूसरे से शादी कर ले, यह उसके लिए सुखकर हो सकता है, आवश्यक भी हो सकता है; पर बच्चे के लिए तो यह मृत्युदण्ड है। तुमने सचमुच एक आदर्श प्रस्तुत किया है। यह न समझना तुम्हीं ऐसी नारी हो। मैंने देश और विदेश में और भी नारियाँ देखी हैं। लेकिन तुम्हारी समस्या उनसे थोड़ी भिन्न है। तुम्हारी कहानी में प्रभात सबसे महत्त्वपूर्ण है। उनको नकारा तो नहीं जा सकता लेकिन उनकी बात को स्वीकार भी नहीं किया जा सकता। तुम्हें उन्हें भूलना ही होगा। इस समय यह बहुत बड़ा त्याग मालूम होता है। यह भी हो सकता है कि तुम्हारी और उनकी शादी हो जाने पर वास्तविक धरती पर आते ही तुम दोनों के अहम् टकरा जाते। सुमति, ऐसा पुरुष मिलना बहुत मुश्किल है जो नारी के अह्म को अपना अह्म के समान ही महत्त्व दे। तलाक के अनेक कारणों में यह सबसे बड़ा

कारण है। इसलिए इस समय जो व्यथा उनको हो सकती है उसको स्वीकार करके भी मोनिका से विवाह कर लेना चाहिए। मोनिका उनको बहुत प्यार करती है, यह तुम्हीं ने बताया है। मुझे विश्वास है वह प्यार बहुत जल्दी उनकी व्यथा को शान्त कर देगा। और इसमें सबसे बड़ा दायित्व तो तुम्हारे कन्धों पर है, तुम उसे पहचानती हो और उसे निभा भी सकती हो। और मैं कहूँगा कि संदीप के भविष्य के लिए तुम्हारा वह बलिदान व्यर्थ नहीं जायेगा।"

सुमति ने बड़ी श्रद्धा और आदर भाव से सुशील की ओर देखा और सोचा, 'यह तो मेरे जैसे ही हैं। अगर मैं इनके सम्पर्क में रही होती तो शायद मेरा आकर्षण इनकी ओर हो जाता; लेकिन ये तो उन सब बातों से अतीत हैं। ऐसा एक दिन उन्होंने स्वयं कहा था कि काम मुझमें है, मैं उसे पहचानता हूँ और यह भी जानता हूँ कि उसका कोई समाधान नहीं है। पश्चिम के देशों में हो सकता है। हमारे यहाँ भी यह सम्भव हो चला है, लेकिन हमारे लिए वर्जनाएँ बहुत हैं, इसीलिए बलात्कार भी बहुत हैं।'

सहसा कहीं दूर से सुशील ने पुकारा, "कहाँ चली गयीं आप!मेरे बारे में कुछ मत सोचिए। क्या यह सम्भव हो सकता है कि डॉक्टर प्रभात मुझसे मिल सकें, लेकिन उन्हें यह नहीं पता चलना चाहिए कि तुमने जान-बूझकर इसी कारण उन्हें मुझे मिलवाया है।"

सहसा सुमति के सामने से बादल छँट गये और सूर्य की किरणों ने उसको आलोकित कर दिया। उसने प्रफुल्लित स्वर में कहा, "आप ठीक कहते हैं, मैं एक दिन उन्हें यहाँ लाऊँगी। उन्हें भी साहित्य का शौक है। तब किसी सन्दर्भ में आप बात कर सकते हैं। मेरी तरफ से आप निश्चिंत रहिए। मैं जो निश्चय कर चुकी हूँ, उस पर अटल रहूँगी।"

और यही हुआ। अचानक सुमति के ससुर बीमार पड़ गये। प्रभात सब कुछ भूलकर उनकी परिचर्या में लग गये। मोनिका तो सदा उनके साथ ही रहती थी। अनजाने-अनचाहे उनके बीच का एकतरफा आकर्षण दूसरी ओर से भी अपनी जगह बना रहा था।

इसी संदर्भ में एक दिन सुशील पिताजी को देखने आये। पहले

भी आ चुके थे और मोनिका और संदीप से भी उनकी दोस्ती हो गयी थी। मोनिका से बी.ए. के पाठ्यक्रम में लगे नाटक के कारण और संदीप से उनके सहज प्रेममय स्वभाव के कारण। सुशील सब कुछ जानते थे, इसलिए वह संदीप के प्रति अतिरिक्त रूप से घनिष्ठ हो उठे थे। बालक तो यही चाहता है। बालक ही नहीं, बालक की माँ जब यह देखती है कि कोई व्यक्ति उसके बच्चे को इतना प्यार करता है तो वह और भी उसके प्रति आकर्षित (सदय) हो जाती है। यह मानव मनोविज्ञान है। ऐसी ही स्थिति में प्रभात और सुशील में बातचीत हुई और प्रभात उनके घर भी आने लगे। सुमति यह सब देखकर मन-ही-मन प्रसन्न होती थी।

एक दिन जब वह सुशील के घर पहुँची तो देखा, वे दोनों किसी गहन विषय पर बड़ी गहराई से विचार कर रहे हैं। वह चुपचाप बैठी उनकी बातें सुनती रही। सुशील ने ही सहसा देखकर कहा, "अरे आप आ गयीं? डॉक्टर प्रभात, क्षमा कीजिए, मुझे अब कुछ जरूरी काम करने हैं, आपसे फिर बातें होंगी।"

डॉक्टर प्रभात उठ खड़े हुए, बोले, "अब तो आप हमारे परिवार का अंग बन गये हैं। कहूँगा, पिताजी को छोड़कर आप ही हम सबसे बड़े हैं, और प्रबुद्ध भी। हमें आपसे बहुत आशाएँ हैं।"

सुशील ने मुसकराकर कहा, "हम हिन्दुस्तानियों में विशेषणों का प्रयोग करने की बहुत बुरी आदत है। हर व्यक्ति में कोई-न-कोई अतिरिक्त विशेषता होती है, तब कौन बड़ा और कौन छोटा है!"

प्रभात ने तुरन्त उत्तर दिया, "आप अनुभवों का कोई मूल्य नहीं आँकेंगे?"

सुशील ने कहा, "आँकूँगा, भई आँकूँगा, लेकिन आँकने का मतलब किसी को भगवान् बना देना नहीं है। प्यार का महत्त्व आदर से बहुत अधिक है।"

डॉक्टर प्रभात द्वार पर जाकर मुड़े, बोले, "वही तो आपको मिल रहा है। हम लोगों के पास प्यार के अतिरिक्त और है ही क्या?"

सुशील ने उसी मुक्त भाव से कहा, "तब कोई भय नहीं। लेकिन एक खतरे से मैं आपको सूचित किये देता हूँ कि मेरी किसी

रचना में आप लोग आ गये तो नाराज मत होना।"

डॉक्टर प्रभात तब तक जा चुके थे। इसका जवाब दिया सुमति ने, "आपकी रचना का पात्र बनें हम, इससे बड़ी खुशी की बात और क्या हो सकती है!"

और वे अपने काम में व्यस्त हो गये।

सुमति जब जाने लगी, तब सुशील ने इतना ही कहा, "मैं डॉक्टर प्रभात के स्वभाव को काफी पहचान गया हूँ। आप चिन्ता मत कीजिए, अगली बार मैं उनसे स्पष्ट बात करूँगा।"

सुमति ने उत्तर दिया, "और मैं विश्वास करती हूँ कि आप मुझे एक मुखबिर के रूप में प्रस्तुत नहीं करेंगे।"

सुशील बड़े जोर से हँसे, "तुम मुखबिर हो सकती हो, यह मैं कल्पना भी नहीं कर सकता। तुम तो बस तुम हो। उस व्यक्ति की तरह हो जो निरन्तर जाने-अनजाने प्रकाश की खोज में लगा रहता है। अपने लिए नहीं, दूसरे के लिए जीता है। यही तो सच्ची मानव संस्कृति है।"

सुमति विद्रूप से बोली, "क्षण-भर पहले जिस अतिरिक्त प्रशंसा की बात अपने की थी, क्या आप वही नहीं कर रहे हैं?"

सुशील हँस पड़े, "मैं भी तो आदमी हूँ, कमजोरियाँ हैं मुझमें; कभी-कभी न जाने किस छिद्र से निकलकर ऊपर आ जाती हैं, यह याद दिलाने के लिए कि सावधान, तुम मनुष्य हो।"

सुमति ने हाथ जोड़कर नमस्कार किया और चुपचाप नीचे उतर गयी। यह आदमी हर बार उसे ऊँचा उठाकर भी पराजित कर देता है। वह जान गया है कि जिस तरह पत्थर के अन्तर में पानी छिपा रहता है, बड़ा-से-बड़ा जल्लाद भी दयालु कहलाना पसन्द करता है, उसी तरह कमजोरियों से कटकर कोई महान् नहीं हो सकता।

14

कई दिन बीत गये। प्रभात का सुशील की ओर आना न हो सका। सुशील नहीं चाहते थे कि उनके प्रस्ताव से अतिरिक्त उत्सुकता प्रकट

हो और वह यह भी नहीं चाहते थे कि सुमति को व्यर्थ ही परेशान किया जाये। इतना समझ गये थे कि वह किसी भी शर्त पर प्रभात से विवाह करने के लिए तैयार नहीं होगी। उन्हें यह अच्छा भी लगा था। इसलिए उन्होंने समय को बीतने दिया।

सुमति ने एकाध बार इतना ही पूछा, "इधर डॉक्टर प्रभात दिखायी नहीं दे रहे।"

"शायद यहाँ नहीं हैं, किसी काम से बाहर गये होंगे।" सुशील ने उत्तर दिया।

सुमति बोली, "मैंने उन्हें देखा है, वह यहाँ हैं।"

"यहीं हैं तो अवश्य आएँगे। उन्हें थोड़ा अपने को समझ लेने का अवसर देना चाहिए। आपको वे जानते हैं और आपके परिवार की स्थिति को भी जानते हैं। केवल वह स्वयं अपने को अच्छी तरह नहीं पहचान पाये और पहचानना आसान भी नहीं है। निश्चय ही वह जो चाहते हैं, स्वार्थ है। वह उसका परिणाम ठीक-ठीक नहीं समझ पाये। इसलिए बहुत सावधानी से स्थिति को सँभालना होगा। उस दिन के बाद जब वह आपके घर से चले गये थे, आपसे भी तो उनकी कोई बात नहीं हुई। मोनिका से भी शायद उन्होंने कोई सम्पर्क स्थापित नहीं किया। जहाँ तक मैं समझ सका हूँ, उन्हें अभी कोई स्पष्ट मार्ग नहीं दिखायी दे रहा। यह भी हो सकता है कि वह आपके परिवार से कोई सम्बन्ध न रखें। तब क्या उन्हें दोषी ठहराया जा सकेगा?"

सुमति ने उत्तर दिया, "यह सब तो मैं नहीं जानती। उन्होंने मेरी सहायता की है। मैं कृतज्ञ हूँ उनकी; लेकिन अगर वे किसी कारण से अब हमसे सम्बन्ध तोड़ लेना चाहते हैं तो उसमें अस्वाभाविक कुछ नहीं होगा।"

"तब आप क्यों डरती हैं? आप तो स्पष्ट रूप से उनका प्रस्ताव अस्वीकार कर चुकी हैं। फिर भी स्वार्थ हमारा है, हम उन्हें खोना नहीं चाहते। इसलिए उन्हें ऐसा प्रतीत नहीं होना चाहिए जैसे हम उन पर अतिरिक्त दबाव डाल रहे हैं। उनका इसमें कोई दोष नहीं है।"

सुमति ने कुछ उत्तर नहीं दिया और वे दोनों अपने काम में

व्यस्त हो गये। लेकिन सुमति के अन्तर में अपनी सारी शक्ति के बावजूद तूफान उठा हुआ था। आज उसे ऐसा लग रहा था कि सुशील जो कुछ कह रहे हैं, वही ठीक है। ऐसा नहीं कि डॉक्टर प्रभात कर्तव्य भूल गये हों। वह पिताजी को देखने आते थे और सदा की तरह सहजभाव से सब काम करते थे। धीरे-धीरे पितप्रजी की तबीयत ठीक हो रही थी। उसी अनुपात से उनका आना भी कम हो रहा था। कुछ दिन तो ऐसी स्थिति रही कि न वह पिताजी को देखने आये, न सुशील से ही उनकी भेंट हो सकी। लेकिन एक दिन अचानक सुशील के साथ कॉफी-हाउस में उनकी भेंट सुशील से हो गयी। सुशील ने उन्हें देखते ही प्रफुल्लित स्वर में कहा, "हैलो डॉक्टर साहब, बहुत दिनों से आप कहाँ थे? सब ठीक तो है न?"

डॉक्टर प्रभात ने सहजभाव से उत्तर दिया, "सब ठीक है, सुमतिजी के पिताजी भी ठीक हो गये; लेकिन मैं आपसे कुछ बात करना चाहता था। आपको कुछ काम तो नहीं है? आइए न, हम 'रिजेंट' में चलकर बैठें।"

सुशील ने तुरन्त उत्तर दिया, "मुझे इस समय कोई काम नहीं है। मैं सहर्ष आपके साथ चल सकता हूँ।"

और वे दोनों, 'रिजेंट' में आकर एक सुविधाजनक स्थान पर बैठ गये जहाँ वे आराम से बातें कर सकते थे। बैरे को आर्डर देने के बाद डॉक्टर प्रभात ने ही बात शुरू की। "भाई साहब, आप सुमति और उसके परिवार को अब तक अच्छी तरह जान गये होंगे। मेरा उन पर कोई जोर नहीं है। लेकिन आप लेखक हैं, मानव स्वभाव को हम लोगों से अधिक समझते हैं।"

सुशील ने चुटकी ली, "डॉक्टर तो मनोवैज्ञानिक होते हैं, अन्तरतम में उतर जाते हैं। उनसे कुछ छिपा नहीं रह सकता।"

प्रभात ने हँसकर जवाब दिया, "आप बहुत चतुर हैं। खैर मैं मान लेता हूँ कि कुछ डॉक्टर इस विद्या में बड़े निपुण होते हैं। लेकिन मैं उनमें से नहीं हूँ। मेरा ज्ञान शरीर-विज्ञान तक सीमित है।"

सुशील तर्क करने के मूड में थे। लेकिन उन्होंने अपने पर संयम रखते हुए इतना ही कहा, "डॉक्टर और लेखक दोनों ही समाज

के लिए आवश्यक हैं। उसके निर्माण में दोनों का ही विशेष योगदान रहता है। परन्तु हम यहाँ डॉक्टर और सर्जक को लेकर विचार करने नहीं आये। आप सहर्ष अपनी बात कह सकते हैं। आप मुझ पर विश्वास कर सकते हैं।"

प्रभात ने तुरन्त उत्तर नहीं दिया। कई क्षण बाद उन्होंने झिझकते हुए कहा, "मैं आपसे कुछ छिपाना नहीं चाहता। सुमति के पति सौमित्र की एक दुर्घटना में मृत्यु हो जाने के बाद मेरा अनायास ही उन लोगों से परिचय हुआ। मुझे लगा कि उन्हें इस समय सहारे की बहुत आवश्यकता है—मनोवैज्ञानिक सहारे की, और इसीलिए मैं सौमित्र के पिता के पास आता रहा। धीरे-धीरे सबसे परिचय सघन होता गया। यह सब कुछ एक दिन में नहीं हो गया था। मेरे मन में सुमति के प्रति जो सहानुभूति थी, उसने रागात्मक रूप ले लिया और मुझे लगा कि मैं उससे विवाह करके उसके परिवार की सहायता कर सकता हूँ।"

सुशील ने बहुत सहज स्वर में कहा, "आपने जो कुछ चाहा उसमें आपकी सदाशयता ही थी; लेकिन आपका ध्यान एक बात की ओर नहीं गया। प्रायः हम लोगों का नहीं जाता।"

प्रभात ने उत्सुकता से पूछा, "किस बात की ओर?"

"संदीप की ओर।" सुशील ने जवाब दिया।

डॉक्टर प्रभात सहसा चौंक पड़े, आश्चर्य उन्हें नहीं हुआ था क्योंकि यह प्रश्न कई बार उनके अन्तर में कुरेदना मचा चुका था। स्वयं सुमति ने इस ओर संकेत किया था। सुमति बहुत कम भावुक होती है और अब तो ऐसे क्षण उसके लिए जैसे वर्जित हो गये हैं। वह यह तो मानती थी कि प्रभात जो कुछ भी कहते हैं, वह सच ही कहते हैं; लेकिन हर सच क्या स्वीकार करने योग्य होता है? संदीप का प्रश्न भी उतना ही महत्त्वपूर्ण था, बल्कि कुछ अधिक ही। प्रायः हम लोग इस ओर ध्यान नहीं देते; इसलिए प्रभात ने भी इसको विशेष महत्त्व नहीं दिया था। लेकिन आज वह सुमति से नहीं, सुशील से बातें कर रहा था। उसने धीरे-धीरे सोचते हुए कहा, "ऐसा नहीं है कि मैंने उस बारे में सोचा न हो और बाल-मनोविज्ञान का भी थोड़ा-बहुत

ज्ञान मुझे है ही। मैंने सुमति को विश्वास दिलाया था कि मैं संदीप को किसी प्रकार का कोई भी कष्ट नहीं होने दूँगा। उसे वैसा ही प्यार दूँगा जैसा सौमित्रजी दे सकते थे, बल्कि कुछ अधिक ही।"

एकदम बात काट दी सुशील ने, कहा, "यह अधिक ही तो परेशानी का कारण है। अधिक क्यों? इसलिए न कि वह तुम्हारा अपना बेटा नहीं है।"

प्रभात अप्रतिभ हो आये। सहसा कुछ उत्तर नहीं सूझ पड़ा, लेकिन सुशील की बात में जो सत्य था, उसे नकारा नहीं जा सकता था। उसने उत्तर दिया, उस उत्तर में कुछ तल्खी थी। उसने कहा, "मिस्टर सुशील, तर्कों के मायाजाल में फँसकर हम कहीं नहीं पहुँच सकेंगे।"

सुशील ने तुरन्त उत्तर दिया, "यही तो, यही तो मैं भी कहना चाहता हूँ कि आप इस बात पर शान्त मन से विचार करें। प्रश्न आपके और सुमति के बीच का है। सुमति से मेरा परिचय आपके जितना पुराना नहीं है, लेकिन उसका मन स्फटिक मणि के समान पारदर्शी है और फिर मैं ठहरा अंतर्मन में भटकनेवाला। मैं यह समझ गया हूँ कि वह संदीप के अतिरिक्त और किसी को, अपने को देने में असमर्थ है। कई अर्थों में वह असाधारण नारी है। अपने स्वतन्त्र व्यक्तित्व की रक्षा करने के लिए वह कुछ भी कर सकती है, लेकिन उग्र नहीं हो सकती। इसीलिए वह आपको अब तक दो-टूक जवाब नहीं दे सकी है क्योंकि वह न केवल आपका सम्मान ही करती है बल्कि प्यार भी करती है। क्या आप यह नहीं मानेंगे कि कभी-कभी सच्चा प्यार ही पास नहीं लाता, दूर भी करता है। प्रेमिका की किसी भी दृष्टि से हानि हो, यह प्रेमी कभी नहीं चाहेगा। आज की संस्कृति में इसे महज भावुकता कहा जा सकता है, लेकिन जरा भी अपने को, अपने स्व से अलग करके सोचा जाये तो बात सहज ही समझ में आ सकती है, तर्क की आवश्यकता वहाँ नहीं होगी। इससे अधिक मैं और कुछ नहीं कहना चाहता।"

डॉक्टर प्रभात एक-एक शब्द को पी रहे थे। उनके अन्तर में एक घमासान मच आया था। सच्चा प्यार पास ही नहीं लाता, दूर भी

करता है; पास और दूर, दूर और पास। भाषाविज्ञान में ये दो शब्द हैं, पर मनोविज्ञान में इनका अर्थ एक ही है, और वही सच्चा प्यार है।

प्रभात एकाएक चौंक पड़े, यह सत्य अब तक मुझसे क्यों छुपा था और अब सुशील ने दो शब्दों में कितनी सहजता से इसे उजागर कर दिया। उसने कई क्षण लिये जवाब देने में। उतनी देर सुशील प्रभात के चेहरे पर दृष्टि गड़ाये रहे।

प्रभात ने बहुत धीमे स्वर में कहा, "शायद आप ठीक कह रहे हैं। मैं इतने गहरे नहीं उतर सका था। मेरा स्वार्थ था न, और स्वार्थ आदमी को अन्धा कर देता है।"

सुशील ने मुसकराते हुए कहा, "अब मुझे कुछ नहीं कहना है। आश्वस्त होने के लिए आपको ही प्रयत्न करना होगा और सुमति की सहायता करनी होगी। मैं जानता हूँ यह बहुत कठिन काम है, पर आप डॉक्टर हैं, कठिन को सहज बना सकते हैं।"

प्रभात बोल उठे, "मैं समझता हूँ मुझे इस परिवार से दूर होते जाना होगा।"

सुशील ने गम्भीर स्वर में कहा, "ऐसे प्रश्नों का इतनी जल्दी उत्तर नहीं दिया जाता। शान्त मन से इस पर विचार कीजिए, आपको मार्ग अवश्य मिलेगा। आपने जो मार्ग सुझाया है, वह समस्या को सुलझा नहीं सकेगा और उलझा देगा, क्योंकि इस प्रश्न से एक और प्राणी भी जुड़ा है।"

प्रभात का स्वर किंचित् कठोर हो आया, "आप मुझसे ही यह आशा क्यों करते हैं कि मैं उनकी सारी बातें मान लूँ?"

सुशील ने बहुत सहजभाव से अपने स्वर को कोमल करते हुए उत्तर दिया, "डॉक्टर प्रभात, और कोई रास्ता नहीं है, इस बात को आज यहीं समाप्त कर देना चाहिए। मानवमन का कम्प्यूटर बहुत विचित्र है। न जाने क्या-क्या छिपा रहता है उसके भीतर। जिस बात की हम कल्पना भी नहीं कर सकते, वही एक दिन निखूट सत्य बनकर सामने आ जाती है। इसलिए विचलित मत होइए, उत्तर आपको मिल जायेगा।"

और सुशील ने इस प्रसंग को यहीं समाप्त कर दिया। लेकिन प्रभात के अन्तर में जो काली-पीली आँधी उमड़ रही थी उसके पार देखना सम्भव नहीं था। उसने जाने की आज्ञा चाही। सुशील ने तत्परता से कहा, "नहीं, नहीं, आप जायेंगे नहीं, अभी तो हमें चाय पीनी है और अगर आपको शौक है तो मैं अपनी एक-दो किताबें भी दूँगा, पढ़िएगा फुरसत में।"

प्रभात उठते-उठते बैठ गये और जबरदस्ती अपने मुख पर मुसकान चिपकाकर बोले, "लेखकों की जाति तो बहुत कठोर होती है, बहुत गहरे पैठ जाती है वह, मन में ही नहीं बल्कि शरीर की मज्जा में भी।"

सुशील हो-हो-हो करके हँस पड़े, बोले, "अभी आपका किसी सचमुच के लेखक से वास्ता नहीं पड़ा है, मैं तो अभी अर्जीनवीस हूँ।"

प्रभात ने अपनी व्यथा को छिपाते हुए हँसकर कहा, "बस, बस, मैं अब और आपकी जाति का सामना नहीं कर सकूँगा। आप सुमति से कह सकते हैं कि मैं वही करूँगा जिसमें उसका हित हो; क्योंकि मैं उसे सचमुच प्यार करता हूँ।"

सुशील ने हठात् प्रभात की ओर देखा और कहा, "मैं नहीं जानता कि सच्चा प्यार क्या होता है। प्यार की नाना रूप व्याख्याएँ की गयी हैं, लेकिन अभी भी हम उसे समझ नहीं पाये हैं। फिर भी आपने जो कुछ कहा, वह मुझे सच्चे प्रेम का आभास देता है।"

इस बार प्रभात ने जैसे विजय की मुद्रा में कहा, "देखिए, आप फिर तर्क कर रहे हैं।"

सुशील बड़े जोर से हँसे, बोले, "क्षमा कीजिए, शतरंज की बाजी में मैं मात खा गया। अब यह प्रकरण समाप्त, चाय आ गयी है। यह लीजिए मेरी दो पुस्तकें, मैंने आपके लिए निकालकर रखी थीं।"

15

अगले दिन सुमति ने यह सारी कहानी सुनी। कुछ आश्वस्त भी हुई। परन्तु यह समस्या का अन्त नहीं था। उसके सामने मोनिका थी।

मोनिका, जिसका प्रभात के प्रति आकर्षण तेजी से बढ़ता जा रहा था। उसने सुशील से कहा, "बात इतनी ही नहीं है। प्रभात संदीप की समस्या को न जानते हों, ऐसा भी नहीं है; बल्कि शायद उन्होंने यह नहीं सोचा था कि सच्चा प्यार पास ही नहीं लाता, दूर भी करता है और जहाँ तक मैं समझती हूँ, वह दूर जाने की प्राणपण से चेष्टा करेंगे। लेकिन मैं मोनिका का क्या करूँ, एक बार वह गहरी चोट खा चुकी है और दूसरी चोट उसके लिए घातक प्रमाणित हो सकती है, तब मेरी क्या दशा होगी इसकी कल्पना मैं अभी स्वयं भी नहीं कर सकती।"

सुशील ने तुरन्त उत्तर नहीं दिया, कुछ क्षण बाद धीरे-धीरे बोले, "जीवन कितना जटिल है और हमारे बहुत-से-लेखक मित्र कहते हैं, लिखने के लिए कुछ नहीं है।"

सुमति एकदम बोल उठी, "दादा, प्रश्न लिखने और न लिखने का नहीं है। यहाँ प्रश्न जीवन को जीने का है। मेरे कारण दो जीवन नष्ट हों, यह मैं नहीं सह पाऊँगी। मैं उनको फलते-फूलते देखना चाहती हूँ।"

सुशील ने कहा, "देखो सुमति, समस्या की जटिलता को तुम भी जानती हो, मैं भी जानता हूँ। क्या ऐसा नहीं हो सकता कि हम कुछ दिनों के लिए सब कुछ भूल जायें।"

"आप मानते हैं कि आदमी कभी कुछ भूल सकता है? जो बात एक बार उसके मन के कम्प्यूटर में अंकित हो गयी वह कभी नहीं मिट सकती। ऐसी स्थिति में मैं क्या करूँ?"

"कह तो रहा हूँ, कुछ दिन इस प्रसंग की चर्चा मत करो। सबको अपने रास्ते पर चलने की स्वतन्त्रता दो। हर काम का परिणाम तुरन्त नहीं मिलता। उसके लिए कूछ दूरी भी आवश्यक होती है, और यह काम ऐसा ही है।"

सुमति ने दीर्घ निःश्वास ली, कहा कुछ नहीं। उनके अन्तर की व्यथा उसे मथ रही थी और उसने यह अच्छी तरह सीख लिया था कि दर्द सहा जाता है, कहा नहीं जाता। इसलिए चुपचाप अपना काम करने में व्यस्त हो गयी।

सुशील ने एक बार उसकी ओर देखा। उनके अन्तर में करुणा का ज्वार उठा; लेकिन वह फिर लिखने में व्यस्त हो गये। कमरे में शांति छा गयी; लेकिन शांति के अन्तर में भी तो घमासान मचता रहता है। जीवन के हर क्षेत्र में इस सत्य को हम प्रत्यक्ष नहीं देख पाते।

तभी बड़ी तेजी से चीखते हुए सुशील के छोटे बेटे ने वहाँ प्रवेश किया और क्रुद्ध स्वर में कहा, "पापा, मम्मी से कह दो कि वह आज मेरे लिए एक नया बस्ता जरूर खरीद लायें और देखो, मेरे जूते भी तो कितने पुराने हो गये हैं, आपको मेरे लिए नये जूतों का प्रबन्ध करना होगा।"

सुशील ने अपने बेटे की ओर देखा और अपने होंठों पर उँगली रखते हुए उसे संकेत किया। लेकिन सुमति ने उसे अपने पास खींचकर कहा, "बेटे, तुम अपने पापा को तंग मत करो, हम तुम्हारे दोनों काम आज कर देंगे।"

बेटे ने उसी तेजी से उत्तर दिया, "आप क्यों कर देंगी, आप क्या मेरी मम्मी हैं और पापा तो आप हो नहीं सकतीं।"

दूसरे ही क्षण वह कमरा अट्टहास से गूँज उठा। उसकी मम्मी भी वहाँ आ गयी थी; वह उसे हाथ से पकड़कर वहाँ से ले गयी, "दुष्ट कहीं का, कह तो रही हूँ आज नहीं तो कल दोनों काम हो जायेंगे।"

माँ के पीछे लगभग घिसटते हुए बेटे ने कहा, "कल नहीं, आज, आज ही करने होंगे।"

बहुत साधारण घटना था। सुशील तो अभी भी हँसे जा रहे थे। लेकिन सुमति के अन्तर में उन्चासों पवन जैसे एक साथ उमड़ आयी थीं। उसकी यही तो समस्या थी, इसी का हल खोजने में उसे सुशील की शरण लेनी पड़ी थी।

सुशील ने एकाएक उसकी ओर देखा। बहुत गम्भीर थी वह और उसकी दृष्टि कहीं बहुत दूर देख रही थी। वह समझ गये, पर उन्होंने कहा कुछ नहीं। सारा सत्य एक क्षण में स्पष्ट हो गया था। स्वयं उनके अपने अन्तर में अनेक प्रश्न एक-दूसरे को काटने लगे। बहुत देर बाद, जब दोनों शान्त होकर अपना काम समाप्त कर रहे

थे, तब सुशील ने सुमति से कहा, "क्या मैं मोनिका से बात कर सकता हूँ?"

सुमति तत्क्षण बोल उठी, "नहीं, नहीं, आप ऐसा नहीं कर सकते। मोनिका आपके सामने नहीं बोल सकती। उससे मुझे ही बात करनी होगी।"

सुशील ने कहा, "ठीक है, यही ठीक है।"

मोनिका समस्या की गम्भीरता को न समझती हो, ऐसी बात नहीं थी। और इसमें भी कोई संदेह नहीं कि अनजाने ही, उसके अन्तर में प्रभात के लिए जो आकर्षण पैदा हो गया था, उसके पीछे सुमति की सहायता करने की ही बात रही होगी। क्योंकि वह इस बात को बहुत अच्छी तरह जानती है कि सुमति, सौमित्र को एकनिष्ठ प्यार करती है। संदीप अगर न होता तो शायद वह जीवित न रह पाती। अब वह संदीप में ही सौमित्र को देखती है, इसलिए उसने जीने का दृढ़ निश्चय कर लिया है। और यह प्रमाणित करने का भी कि नारी पुरुष से कहीं अधिक शक्तिशाली होती है। इसीलिए वह झुकती है। वह नहीं जानती कि सुमति के मन में कभी डॉक्टर के प्रति आसक्ति उभरती है या नहीं, पर यह निश्चय ही जानती है कि वह पुनः विवाह नहीं ही करेगी। इस बात को उसने उस सहजभाव से स्वीकार कर लिया है कि वह कभी भी, कहीं भी, तनिक भी विचलित नहीं होती। उसके इस दुर्दम्य साहस को देखकर शायद किसी अनजाने क्षण में उसके मन में भी भाभी की सहायता करने का विचार उठा था और उस विचार का मार्ग डॉक्टर प्रभात के पास जाकर समाप्त होता है। उसे अच्छी तरह याद है कि एक दिन रेस्तराँ में अचानक प्रभात से भेंट हो गयी थी और वह उनकी टेबल के सामने जाकर खड़ी हो गयी थी। बोली, "डॉक्टर साहब, क्या मैं आपके साथ बैठ सकती हूँ।"

प्रभात ने दृष्टि उठाकर मोनिका की ओर देखा, मुसकराया, "तुम्हें भी क्या मुझसे आज्ञा लेनी होगी।"

मोनिका हँस पड़ी और कुरसी पर बैठते हुए उसने कहा, "डॉक्टर साहब, क्या किया जाये, शिष्टाचार तो निभाना ही होता है।

अगर आप कहें तो फिर मैं ऐसा नहीं करूँगी।"

एकाएक काँप गया था प्रभात। यह क्या कह गयी मोनिका। अनजाने कह गयी या जान-बूझकर कहा, इसीलिए उत्तर देने में उसे दो क्षण लगे, उसने कहा, "मेरी ओर से आप पर किसी प्रकार की बन्दिश नहीं है।"

"ओह, थैंक्यू, थैंक्यू, तब तो आप मुझे कॉफी भी पिला सकते हैं।"

"सकते हैं? कहिए, पिलाइए।"

"जी हाँ, मेरा यही मतलब है, पिलाइए। मैं यहाँ कॉफी पीने ही आयी थी; लेकिन निश्चय ही वह शुभ घड़ी थी, जब मैं वहाँ से चली थी, तभी तो आपसे भेंट हो गयी।"

"मुझसे भेंट करना आपको अच्छा लगता है?"

मोनिका ने यथाशक्ति तरल स्वर में कहा, "आप जैसे व्यक्ति से मिलना तो किसी के लिए भी बहुत बड़े सौभाग्य की बात है।"

"मुझ जैसे व्यक्ति से? यह 'जैसे' का क्या अर्थ है?"

मोनिका का मन आनन्द की हिलोरों से भरता चला गया। बोली, उसी स्वर में, "इतने बड़े डॉक्टर हैं और 'जैसे' का अर्थ नहीं जानते?"

"शायद नहीं जानता। क्योंकि हर शब्द के अर्थ वही नहीं होते जो कोश में लिखे होते हैं।"

"यही तो, यही तो मैं कहती हूँ। जिन्दगी कोश के अर्थों के सहारे नहीं चलती, जिन्दगी की भाषा के अर्थ कोश में नहीं लिखे जाते।"

"जिन्दगी की भाषा! ओह! मैं भूल गया था कि मैं एक प्राध्यापिका से बातें कर रहा हूँ। आपसे कुछ सीखकर मुझे बहुत खुशी होगी। आप बताइए न कि ये 'जैसे' 'जिन्दगी की भाषा' सब क्या हैं?"

मोनिका अपने को भूलती जा रही थी। उसने अपनी दोनों कोहनियाँ मेज पर टिकाए सीधे डॉक्टर की आँखों में झाँकते हुए कहा, "इतने नादान आप नहीं हैं कि इनका अर्थ नहीं जानते हों, और

सचमुच नहीं जानते हैं तो कभी मेरी क्लास में आइएगा।"

"क्लास के बाहर आप कुछ नहीं पढ़ातीं?"

"क्लास के बाहर तो मैं पढ़ती हूँ, और उसी को क्लास में पढ़ाती हूँ।"

प्रभात ने आश्चर्य से मोनिका की ओर देखा। जिसे वह अब तक एक साधारण युवती समझ रहे थे वह तो जीवन की भाषा में पारंगत है और एक असफल प्रेम की व्यथा ने उसकी सहज बुद्धि को और भी पैना कर दिया है। उन्हें लगा जैसे वह उसकी ओर खिंचते जा रहे हैं। तभी सहसा एक झटका लगा और उन्होंने बैरे को पुकारकर कहा, "बिल लाओ, मुझे एक मरीज को देखने जाना है।"

मोनिका बहुत आगे बढ़ चुकी थी। बोली, "मैं भी तो एक मरीज हूँ, देखने आयेंगे किसी दिन?"

"आपने कभी कहा नहीं, मैं तो आता ही रहता हूँ।"

"जानती हूँ कि आप आते हैं, पर मेरे पास नहीं।"

डॉक्टर ने उठते हुए एक गहरी दृष्टि मोनिका पर डाली, उत्तर देना चाहा, पर दे न सके और मुसकराकर इतना ही कहा, "बड़ी नॉटी हो तुम तो, अच्छा अब मैं चला।"

और वह चले गये। मोनिका बहुत देर तक अपनी दोनों हथेलियों पर ठोड़ी टिकाये उनको जाते देखती रही और सोचती रही। न जाने कब तक सोचती रहती यदि उसकी एक साथी प्राध्यापिका ने उसे पुकार न लिया होता।

ये घटनाएँ अनेक बार दोहराई गयीं, घर में भी, बाहर भी। किसी ने उसे चेतावनी नहीं दी क्योंकि जाने-अनजाने वे सब यही चाहते थे कि वे एक-दूसरे के पास, और पास आते रहें, एक-दूसरे को पहचानते रहें, इतना कि वह पहचान एकरूप हो जाये। यह सब किसी के प्रयत्न करने पर नहीं होता, अनायास ही होता था क्योंकि डॉक्टर प्रभात का प्रयत्न अगर था तो वह सुमति के पास आने का था; लेकिन सुमति ने अपने चारों ओर एक लक्ष्मण रेखा खींच रखी थी और यह भी उसका निश्चय था कि वह सीता की तरह लक्ष्मण

रेखा लाँघने की भूल नहीं करेगी।

लेकिन ये सब द्वन्द्व उनके किसी कार्य में बाधक नहीं होते थे क्योंकि ये सब सतह पर नहीं होते थे, सतह पर तो वे साधारण परिजनों की तरह व्यवहार करते थे। हाँ, पिताजी के मन में कभी-कभी यह विचार उभर आता था कि क्या ऐसा नहीं हो सकता कि मोनिका और प्रभात एक हो जायें; लेकिन दूसरे ही क्षण वह निराशा से भर उठते और उन्हें लगता कि प्रभात शायद ऐसा नहीं चाहेगा।

लेकिन चाहने न चाहने से परे भी दुनिया होती है और उस दुनिया में मोनिका बहुत आगे बढ़ चुकी थी। यह प्रेम का त्रिकोण नहीं था बल्कि यह नग्न सत्य से साक्षात् करने जैसा था; इसीलिए सुमति स्वयं चाहती थी कि मोनिका और डॉक्टर प्रभात एक हो सकें। पर कैसे, कैसे—...वह इसी उलझन में फँसी हुई थी और समय बीत रहा था।

सब समय पर अपने-अपने काम पर चले जाते और फिर लौट आते। लेकिन सुशील से बात करने के बाद प्रभात ने जैसे इधर न आने का निश्चय कर लिंया था। अचानक पिताजी की तबीयत फिर खराब हो गयी। वह अपने मन के बोझ को नहीं सह पा रहे थे। इसलिए एक बार फिर सुमति ने डॉक्टर प्रभात को फोन किया। प्रभात ने सुना और चाहा कि वह कोई बहाना बना दे और किसी दूसरे डॉक्टर को वहाँ भेज दे; लेकिन दूसरे ही क्षण उसने कहा, "मैं शाम को अवश्य आऊँगा।"

उस दिन छुट्टी थी। सभी लोग घर पर थे। प्रभात आये, पिताजी को देखा, नुस्खा लिखा, शिष्टाचार की बातें भी कीं और फिर जाने के लिए उठ खड़े हुए। तभी मोनिका ने कहा, "डॉक्टर साहब, थोड़ा रुकेंगे नहीं, मेज पर भाभी आपकी राह देख रही हैं।"

प्रभात जाते-जाते रुक गये। दो क्षण सोचते रहे। फिर उस चिरपरिचित घर में परिचित की तरह ही मेज पर आकर बैठ गये। लेकिन वहाँ सुमति नहीं थी, मात्र मोनिका थी। प्रभात ने पूछा, "कहाँ हैं सुमतिजी?

"आपके लिए चाय ला रही हैं।

और दूसरे ही क्षण सुमति और संदीप चाय की ट्रे और प्लेट हाथ में लिये वहाँ उपस्थित हो गये। मोनिका चाय तैयार कर रही थी और प्रभात ने संदीप को गोद में खींच लिया, "कैसे हो संदीप?"

संदीप जैसे राह ही देख रहा था। बोला, "अंकल, हमारा परीक्षाफल आ गया है, क्लास में दूसरे नम्बर पर आये हैं। दो नम्बर और मिल जाते तो पहले नम्बर पर आ सकते थे।"

प्रभात ने सहजभाव से पीठ ठोंकते हुए कहा, "दूसरे नम्बर पर भी बुरा नहीं है, अगली बार पहले पर आना।"

तभी न जाने क्या हुआ, उन्हें मोनिका के द्वारा कहे गये शब्द 'जीवन की भाषा' की याद आ गयी। जो विद्यार्थी परीक्षा में सफल नहीं हो पाते, जीवन में वे कभी-कभी बहुत ऊँचे स्थान पर पहुँच जाते हैं। मोनिका यही कहना चाहती थी। विद्यालय की भाषा यांत्रिक है और जीवन की भाषा लोकभाषा की तरह सहज और अनुभव से पूर्ण। उसने दृष्टि उठाकर मोनिका की ओर देखा; वह चाय का प्याला उसकी ओर बढ़ा रही थी। दृष्टि मिली, दोनों मुसकराए और फिर दृष्टि झुक गयी। इसके बाद चाय की टेबल पर संदीप ही चहकता रहा। वे तीनों तो शिष्टाचार की भाषा में कभी एक-दो वाक्य बोल लेते थे।

तभी सुमति उठी, बोली, "मैं जरा संदीप को जूते दिलाने के लिए बाजार जा रही हूँ। अभी आ रही हूँ, जाइएगा नहीं।" और वह उत्तर की प्रतीक्षा किये बिना चली गयी।

डॉक्टर प्रभात हतप्रभ रह गये।

मोनिक ने देखा, बोली, "आपने कुछ खाया नहीं डॉक्टर प्रभात, यह मिठाई मैंने स्वयं बनायी है।"

प्रभात जैसे नींद से सहसा जाग उठे, "आपने बनायी है तो अवश्य खाऊँगा।"

मोनिका ने मीठे स्वर में कहा, "शुक्रिया, जहेनसीब।"

उसके बाद मोनिका चहकती रही और डॉक्टर सुनते रहे। बीच-बीच में वह सब कुछ सोचने लगते थे। सुशील से मिलने के

बाद वह निरन्तर सोचते ही तो रहे हैं; लेकिन जैसे कोई किनारा दिखायी नहीं दे रहा हो, जैसे वह मँझधार में डूब रहे हों। बार-बार उनकी दृष्टि मोनिका पर जाती, उन्हें लगता था, सुमति और मोनिका, दो किनारे हैं। जीवन का कटु अनुभव दोनों को है; लेकिन जो दायित्व सुमति पर है वह मोनिका पर नहीं है। मोनिका मुक्त है। उसके मन में तरंगे उठती हैं, कुछ पाने की। इस कुछ का अर्थ भी कोश में नहीं हो सकता, लेकिन आज तो वह अर्थ भी सामने बैठा था और सुमति अभी तक नहीं लौटी थी। प्रभात ने उठते हुए कहा, "बहुत देर हो गयी, तुम मेरी ओर से अपनी भाभी से माफी माँग लेना।"

मोनिका ने एकदम कहा, "आप मुझे यह अधिकार देते हैं?"

डॉक्टर प्रभात ठगे-से देखते रह गये। मोनिका तब तक उनके पास आ गयी थी—बरतन उठाने के लिए। सहसा उसने अपना हाथ डॉक्टर के हाथ पर रख दिया। डॉक्टर ने अनुभव किया, कितनी कोमलता है इस स्पर्श में; लेकिन कोमलता ही उसके हाथ को कसती जा रही है, कसती जा रही है। उसने एकदम हाथ खींच लिया। लेकिन आश्चर्य, वह हाथ मोनिका के कन्धों पर था। मोनिका उससे सट गयी थी और नजरें उठाकर डॉक्टर की आँखों में झाँकने लगी थी। क्षण-भर को सब कुछ ठहर गया हो जैसे, पर दूसरे ही क्षण उन्हें होश आया तो दोनों अलग हो गये। डॉक्टर ने कहा, "मुझे क्षमा कर दो मोनिका, मेरे अनजाने ही यह सब कुछ घटित हो गया।"

मोनिका ने मुसकराते हुए उसकी ओर देखा और कहा, "सच अनजाने ही प्रकट होता है, जान-बूझकर तो लोग झूठ बोलते हैं। आपको माफी माँगने की आवश्यकता नहीं। फिर एक क्षण बाद बोली, "मुझे जो कहना था वह मैंने कह दिया, निर्णय लेने का अधिकार आपका है।" और वह बरतन उठाकर अन्दर चली गयी।

उसी क्षण सुमति और संदीप अन्दर आये। संदीप दौड़ते हुए डॉक्टर प्रभात के पास आया और उत्फुल्ल स्वर में बोला, "देखो अंकल, मेरे शू कितने अच्छे हैं।"

डॉक्टर ने स्वस्ति की साँस ली और उतने ही उत्फुल्ल स्वर में कहा, "बहुत अच्छे हैं बेटे, बहुत अच्छे।" और फिर सुमति की ओर

देखकर बोले, "आपने बहुत देर कर दी। मुझे कहीं और जाना है। आज्ञा दीजिए, अब मैं चलता हूँ।"

सुमति ने सहजभाव से कहा, "मुझे देर हो गयी, संदीप की समझ में कुछ आता ही नहीं था। क्षमा कीजिए, और देखिए अब आते रहिए। पिताजी को आपकी आवश्यकता है।"

डॉक्टर प्रभात ने जवाब दिया, "आपको नहीं है?"

"मुझे क्यों नहीं है? आपसे बढ़कर मेरा हित चाहनेवाला और कौन है? आप सचमुच मेरे सच्चे मित्र हैं।"

डॉक्टर ने केवल इतना ही कहा, "मैं आऊँगा।" और वह तेजी से बाहर निकल गये।

पिताजी की तबीयत सुधरने में कई दिन लगे। डॉक्टर प्रभात प्रायः प्रतिदिन ही आते थे और प्रतिदिन किसी-न-किसी रूप में पहले दिनवाली घटना दोहरायी जाती थी। मोनिका और डॉक्टर प्रभात के बीच की दूरी भी लगभग समाप्त हो रही थी। इसीलिए एक दिन जब डॉक्टर पिताजी को देखने आये तो घर में सुमति के अतिरिक्त कोई नहीं था। तब उसने चाय की टेबल पर डॉक्टर से स्पष्ट शब्दों में कहा, "डॉक्टर प्रभात, आप हमारे लिए अजनबी नहीं हैं। आप देख रहे हैं कि पिताजी धीरे-धीरे अन्तिम मार्ग की ओर जा रहे हैं। इसमें आश्चर्य की कोई बात नहीं। लेकिन उनके मन पर एक भार है।"

डॉक्टर ने प्याले से एक घूँट भरा और धीरे से कहा, "मैं जानता हूँ। मैं प्रयत्न करूँगा कि वे उस भार से मुक्त हो सकें।"

सुमति कुछ कहते-कहते रुक गयी। डॉक्टर ने जाते-जाते उसकी ओर देखा, "मैं जानता हूँ आप क्या कहना चाहती हैं। आप चिन्ता न कीजिए, सब कुछ ठीक हो जायेगा।" और वह चले गये।

सुमति के लिए ये शब्द किसी आश्वसान से कम नहीं थे। प्रतीकों की भी तो अपनी एक भाषा होती है। इसलिए उसने उसी रात डॉक्टर प्रभात को एक पत्र लिखा—

प्रिय डॉक्टर प्रभात,

मैं सब कुछ कहकर पत्र को लम्बा करना नहीं चाहती, सब स्पष्ट है। मेरे प्रति आपके मन में करुणा उपजी थी और उसी करुणा

को आपने प्रेम का रूप देना चाहा था, ईमानदारी से देना चाहा था। लेकिन तब शायद संदीप आपके दृष्टिपथ में नहीं था और मेरे लिए इस समय संदीप के अतिरिक्त इस दुनिया में कुछ नहीं है।

ये सब बातें मैं बार-बार कह चुकी हूँ। सुशीलजी ने भी मुझे वह सब कुछ बता दिया जो आपने उनसे कहा था। कहीं उलझन नहीं है। सब कुछ स्पष्ट है। अब इस कथानक में 'मैं' सब कुछ होकर भी कहीं नहीं हूँ, इसलिए अब आपसे इतना ही चाहती हूँ कि आप अपने मन को खोलकर मुझे मुक्त कर दें। आपके अस्वीकार को भी मैं उसी सद्भावना से स्वीकार करूँगी। आप मोनिका को अब अच्छी तरह जान गये हैं। मैं उसके प्रसंग में भी यह नहीं चाहती कि आप दया या करुणा से प्रभावित होकर कोई निर्णय लें। बस इतना ही। मेरे मन में आपके प्रति सदा आदर, स्नेह का भाव रहेगा।

आपकी सुमति

आश्चर्य, इसी पत्र के साथ डॉक्टर को मोनिका का पत्र भी मिला।

मेरे बहुत-बहुत प्रिय डॉक्टर,

बहुत बातें कर चुकी। सब कुछ निरभ्र-नीले आकाश की तरह स्पष्ट है और शायद उतना ही असीम भी।

मैं आपसे इतनी ही प्रार्थना करना चाहती हूँ कि आप यदि मुझे स्वीकार करें तो यह सोचकर नहीं कि आप मेरी भाभी पर कोई कृपा कर रहे हैं। कृपा का बोझ मात्र मेरे लिए ही नहीं, हम दोनों के लिए असह्य हो जायेगा। जो निर्णय आपको करना है वह सहजभाव से करना है। मुझे गर्व होगा यदि मैं आपकी जीवन-संगिनी बन सकूँ, न भी बन सकूँ तो मैं अन्यथा नहीं लूँगी। मैं छिपाऊँगी नहीं। मुझे दुःख होगा क्योंकि मैं मन-ही-मन आपकी हो चुकी हूँ। न हो सकी तो आपको दोष नहीं दूँगी क्योंकि हमारे चारों ओर जो कुछ है, वह इतना जटिल है कि उससे मुक्ति पाना असम्भव जैसा है।

अब आप जैसा उचित समझें करें, मैंने अपनी बात कह दी है।

आपकी मोनिका

16

फिर दिन बीतने लगे। दुनिया उसी गति से चलती रही। पोस्टमैन उनके द्वार पर भी आया, पर डॉक्टर का पत्र, जिसे देखने के लिए उनकी आँखें तरस रही थीं, तीन महीने बाद आया। एक नहीं, दो। एक पत्र सुमति के नाम था, और एक पत्र मोनिका के। पत्र पहले सुमति ने देखे। शांत भाव से अपने नाम का पत्र खोला। डॉक्टर ने लिखा था–

प्रिय सुमतिजी,

मैं आपसे कुछ नहीं छिपाऊँगा। उस दिन आपके घर से लौटकर मैंने यह निर्णय किया था कि मैं यहाँ से तबादला करवाकर कहीं दूर चला जाऊँ और फिर हम कभी न मिलें। लेकिन मेरे ही अन्तर में से किसी ने मुझसे कहा, तब क्या तुम सहज जीवन जी सकोगे? प्रतिक्षण तुम्हारे अन्तर में शूल चुभते रहेंगे कि तुम जिन्हें सबसे अधिक प्यार करते थे, उन्हीं को बेसहारा छोड़कर चले आये। वैसे आप कभी बेसहारा नहीं हो सकतीं। आपकी सहज दृढ़ता और स्पष्टता के कारण ही तो मैं आपकी ओर आकर्षित हुआ था। मेरे मन में मोह था आपको अपनी सम्पत्ति बनाने का। लेकिन आप तो सम्पत्ति बन नहीं सकती थीं। क्योंकि आपके पास एक अमूल्य धरोहर थी। आपको हम दो में से चुनाव करना था। कोई साधारण नारी होती तो वह निश्चय ही मुझे चुन लेती। क्योंकि वह संदीप के बारे में इतनी गहराई से नहीं सोच सकती थी। यह समस्या साधारण नहीं है। अनेक घर नष्ट हो गये हैं इसके कारण। इसलिए एक दिन मुझे यह निर्णय लेने में कोई दुविधा नहीं हुई कि मैं आपको मुक्त कर दूँ।

मैं यह भी मानता था कि आप मुझे मोनिका को स्वीकार करने के लिए विवश नहीं करेंगी। क्योंकि चाहने और होने में अन्तर होता है। यह निर्णय करने का अधिकार मेरे हाथ में था और हाँ, मोनिका के हाथ में भी था। शुरू-शुरू में मोनिका जब मेरी ओर आकर्षित हुई तो मैंने उसे गम्भीरता से नहीं लिया था। लेकिन वह आकर्षण नाना

रूपों में प्रकट होने लगा था। तब मुझे ऐसा भी लगा था कि वह आपकी रक्षा करने के लिए मुझे स्वीकार करना चाहती है। उसके मन में ऐसा होना न असम्भव था, न अनुचित।

इसी दुविधा के कारण मैं अपने में स्वयं उलझता चला गया। प्रेम, दया, करुणा, आसक्ति, आकर्षण—मोनिका ने एक दिन मुझसे कहा था, शब्दकोशों में शब्दों के सही अर्थ नहीं होते। तब एक बार तो मुझे आश्चर्य हुआ था; लेकिन फिर मुझे धीरे-धीरे लगा कि कैसा सहज सत्य था, उसके शब्दों में। हम लोग इन बातों को क्यों नहीं जानते। मोनिका जानती थी। इस बात ने मुझे बहुत प्रभावित किया और मैं आज तुमसे सच कहूँगा और सच के सिवा कुछ नहीं कहूँगा कि तब मेरे मन में मोनिका के प्रति सचमुच आकर्षण पैदा हो गया था। फिर भी मैं जल्दी में कोई निर्णय नहीं करना चाहता था। इसीलिए मैंने तुम्हारे घर आना भी बन्द कर दिया था। परन्तु इससे मेरे प्रश्न समाप्त तो नहीं हुए थे, निरन्तर मुझको घेरे रहते थे। मैं नहीं जानता कि मैंने ऐसा निर्णय किस आधार पर किया। घटनाओं के सत्य को देखकर या मोनिका के प्रति अपने आकर्षण के कारण। क्योंकि मैं जब भी अपने जीवनसाथी की कल्पना करता था तो यही सोचता था कि वह असाधारण होगी। तुम असाधारण हो, इसीलिए मैं तुम्हारी ओर खिंचा। लेकिन तुम तो मेरी पकड़ से बाहर थीं, इसलिए मैं उलझता चला गया। तुमने मोनिका के लिए प्रस्ताव किया, उसको भी तब मैंने गम्भीरता से नहीं लिया, लेकिन जैसे-जैसे मोनिका मेरे पास आती गयी, मुझे लगा कि वह भी साधारण से बहुत अलग है। अपने छोटे-से जीवन में उसने जो कुछ सहा, उसने उसे निराशा के गर्त में नहीं गिराया क्योंकि तुम उसके साथ थीं, इसलिए उसकी व्यथा उसके लिए वरदान बन गयी और उसने जीवन को एक-दूसरे रूप में देखना शुरू कर दिया। बस इतना ही कहना काफी होगा। लेकिन एक और बात कहता हूँ, तुम मुझे अपने से दूर मत समझना।

तुम्हारा अपना
प्रभात

सुमति पत्र पढ़ रही थी और उसके अन्तर में तुमुलनाद मच रहा था। हर शब्द, हर पंक्ति उसे नये अर्थ दे रही थी। अन्त तक पहुँचते-पहुँचते वह विह्वल हो उठी और उसने पत्र को अपनी छाती से लगा लिया और भागती हुई पिताजी के पास पहुँची। वह तकिए के सहारे बैठे कोई पुस्तक पढ़ने की चेष्टा कर रहे थे। उसने तुरन्त उत्फुल्ल स्वर में कहा—"पिताजी, डॉक्टर साहब ने हमारा प्रस्ताव स्वीकार कर लिया।"

पिताजी पहले तो कुछ नहीं समझे। पूछा, "किसका प्रस्ताव, किसने स्वीकार कर लिया?"

सुमति बोली, "डॉक्टर प्रभात ने मोनिका से विवाह करना स्वीकार कर लिया।"

पिताजी एकदम उत्फुल्ल स्वर में बोले, "सच!"

"जी हाँ, सच। यह देखिए मेरे नाम से उनका पत्र आया है।"

पिताजी ने दोनों हाथ जोड़कर आकाश की ओर दृष्टि उठायी। तब उनकी बन्द पलकों के बीच से होकर हर्ष बह आया था। कई क्षण उसी समाधिस्थ अवस्था में बैठे रहे। उस समय उनका चेहरा एक ऐसी निर्मल स्मिति से दीप्त था जो किसी शिशु के, किसी संघर्ष में सफलता पाने के बाद सहज ही उभर आती है और वह खिलखिला पड़ता है।

वे शिशु नहीं थे। कई क्षण बाद आँखें खोलीं, अपने में लौटे और बोले, "सुमति बेटी! आज मैं मुक्त हो गया। तेरी मुझे चिन्ता नहीं। तू तो इस घर की शक्ति है।"

सुमति ने कुछ उत्तर नहीं दिया। आँखें पोंछती हुई वहाँ से चली गयी। मोनिका के लौटने का समय हो रहा था। सदा की तरह मुसकराती हुई वह दो क्षण बाद वहाँ आ खड़ी हुई। आश्चर्य, उस समय सुमति भी मुसकरा रही थी। एक पत्र उसके हाथ में देते हुए वह बोली, "आज तेरे प्रभु ने तेरी मनोकामना पूरी कर दी। पर तुझे जो कुछ मिला है, उसे तुझे जीवन-भर सँभालकर रखना पड़ेगा।"

विमूढ़-सी मोनिका कुछ समझी, कुछ नहीं समझी। अपने कमरे में पहुँचकर उसने तुरन्त वह पत्र खोला। प्रभात के अक्षरों को

वह पहचानती थी। उस पत्र में बस एक ही पंक्ति लिखी हुई थी। उसने उतावले होकर पंक्ति को पढ़ा–

"माई डियरेस्ट डियर मोनि!
अब हम दो नहीं, एक हैं।

तुम्हारा ही
प्रभात।"

उपसंहार

सुमति

जो कहानी अब तक आपने पढ़ी, वह मैंने लिखी, सुशील दा ने लिखी है। वह सर्जक हैं और सर्जक की दृष्टि में इस कहानी का यही अन्त सार्थक है। लेकिन मैं तो सर्जक नहीं हूँ। मुझे लगता है कि मेरी कहानी का यहाँ अन्त नहीं होता, बल्कि आरम्भ होता है।

यही प्रमाणित करने के लिए आज दस वर्ष बाद मैंने स्वयं कलम उठायी है। लेकिन मैं सुशील दा के प्रति अकृतज्ञ नहीं हूँ। इन दस वर्षों में वे मेरे साथ खड़े रहे। वह बोलते कम हैं, कहते बहुत हैं। इसीलिए वे लिख सके इस कहानी को।

वह पत्र लिखने के बाद प्रभात एक दिन मेरे पास आये। उसी क्षण उठे भूकम्प से मेरा अस्तित्व हिल उठा। मेरी सारी दृढ़ता के बावजूद

कई क्षण लगे मुझे अपने को सहेजने में। तब मैंने दृष्टि उठाकर उसकी ओर देखा। मुसकराई, बोली, "नहीं जानती मैं कैसे ऋण चुकाऊँगी तुम्हारा, पर किसी का ऋणी बने रहने का भी एक आनन्द है।"

वह दृष्टि नीची किये मेरी बात सुनते रहे। वह अपने अन्दर उठते तुमुलनाद से जरा भी आक्रांत नहीं थे। पर वह कुछ उत्तर दे पाते कि प्रसन्नता की साकार प्रतिमा मोनिका वहाँ आ गयी, बोली, "भाभी! प्रभात चाहते हैं कि हम..."

तभी पीछे से सुशील दा का चिरपरिचित शान्त प्रफुल्लित स्वर उठा, "कि हम बिना किसी विधि-विधान के दो साथियों की तरह एक संग रहें। व्यक्तिगत रूप से मुझे कोई आपत्ति नहीं है। समाज से भी मैं नहीं डरता; लेकिन मैं तुम्हारी संतान की दृष्टि से सोचता हूँ। कानून की दृष्टि से तो वह नाजायज नहीं होगी परन्तु कानून ही तो सब कुछ नहीं है। हमारे संस्कार भी तो हैं। फिर अगर तुम्हें विदेश जाने की आवश्यकता हुई तो विधान के अनुसार विवाह के प्रमाण-पत्र की आवश्यकता होगी। इसलिए मेरा सुझाव है कि या तो तुम आर्य मैरिज वेलीडेशन एक्ट के अनुसार आर्यसमाज मन्दिर में जाकर विवाह कर लो या सिविल मैरिज एक्ट के अनुसार अदालत में जाकर रजिस्ट्री करवा लो।"

फिर कई क्षण मौन गहराता रहा। प्रभात ने ही उसे भंग किया, "तब हम सिविल मैरिज एक्ट के अनुसार विवाह करना पसन्द करेंगे।"

पिताजी की स्वीकृति लेने में विशेष अड़चन नहीं हुई। वे झिझके अवश्य पर ऐसा अवसर वे चूकना नहीं चाहते थे। बोले, "मैंने सब कुछ सुमति पर छोड़ दिया है। जैसा उचित समझे, करे।"

क्या कह गये पिताजी, पर वह घुमड़ने का समय नहीं था। एक माह के बाद कोर्ट में जाकर विधिवत् विवाह हो गया। मात्र पाँच व्यक्ति थे। दस दिन पूर्व पिताजी ने मुझे बुलाकर कहा था, "बेटी! सबको पता लग जाये इसलिए स्वागत समारोह तो करोगी न।"

मैंने उत्तर दिया, "जी, उसका प्रबन्ध सुशील दा कर चुके हैं।"

बाहर सब कुछ खुशी-खुशी बीत गया, पर अन्तर में दर्द के

तूफान उठते रहे और मिटते रहे। वे मुझे विचलित नहीं कर सके क्योंकि मैं तो निश्चय कर चुकी थी और उस निश्चय से मुझे कोई शक्ति विचलित नहीं कर सकती थी।

धीरे-से जैसे किसी ने पास आकर कहा—'दृढ़ता को फौलाद मत बनाओ, वह टूट जाता है।'

मेरे अन्तर में से ही उत्तर भी आया—'हाँ, मैं टूट जाना पसन्द करूँगी, झुकूँगी नहीं।'

जैसे कोई हँसा हो; पर वहाँ तो कोई नहीं था। अकेली मैं थी। मुझे अभी-अभी पता चला था कि डॉक्टर प्रभात ने अपना तबादला किसी सुदूर स्थान पर करवा लिया। क्यों करवा लिया, इस रहस्य को मुझसे अधिक और कौन जान सकता है। मैंने आश्वस्ति की साँस ली।

लेकिन यह क्या...

मैं जैसे चीख उठी, 'मुझे क्यों दुर्बल करने पर तुले हो। मैं नहीं टूटूँगी।'

यह सोच ही तो दुर्बलता है।

मैं जानती हूँ, यह जानना ही मेरी शक्ति है।

आश्चर्य मुझे तब हुआ जब सुशील दा ने भी कहा, "यह डॉक्टर प्रभात ने बहुत अच्छा किया।"

मैं बोल उठी, "सुशील दा! अन्ततः हम सब दुर्बल प्राणी हैं! पर..."

"ठीक है, ठीक है", सुशील दा ने मेरा हाथ दबा दिया, "मैं जानता हूँ।"

मैं भी जानती हूँ कि उन्हें उत्तर की आवश्यकता नहीं थी, पर संदीप को थी। उसने मेरा हाथ पकड़कर पूछा, "मम्मी, क्या बुआ और फूफाजी अब यहाँ नहीं आएँगे?"

मैंने दोनों हाथों से पकड़कर उसे अपने से सटाते हुए कहा, "क्यों नहीं आएँगे? वे भी आएँगे। हम भी उनके घर जायेंगे और डॉक्टरों का तो तबादला होता रहता है। हो सकता है वह फिर यहीं आ जायें..."

मैं काँप-काँप उठी। यह क्या कह गयी मैं। कितने छिद्र रह

जाते हैं हमारे दृढ़ से दृढ़ संकल्प में, अनजाने, अनचाहे। लेकिन बाहर कुछ नहीं हुआ। संदीप ने मेरी ओर देखा, बोला, "हाँ मम्मी, मैंने देखा है, शादी करके सबकी बुआ ऐसे ही चली जाती हैं।"

मैं एकाएक हँस पड़ी, "मैं भी ऐसे ही आयी थी। और एक दिन तेरा भी विवाह होगा। तब किसी की बुआ तेरे साथ आकर रहेगी।"

संदीप एकदम चिहुँक उठा था, "धत्! मैं नहीं करूँगा शादी। मैं तुम्हें छोड़कर कहीं नहीं जाऊँगा।"

मेरा अन्तर भीग आया। मैंने प्यार से उसके गाल पर चपत लगाते हुए कहा, "पगला कहीं का! ऐसी बातें मत सोचा कर। चल, खाने का वक्त हो रहा है। अपने बाबाजी से पूछ, वे अपनी बैठक में खाएँगे या यहाँ, हमारे साथ।"

रात को देखती हूँ कि अचानक गहन अंधकार में से प्रकाश-पुंज फिर प्रकट हो गया। इस बार वह अद्भुत प्रभामण्डल के रूप में था। उसके बीच में थे सौमित्र। उनके मुख पर गर्व की दीप्ति थी तो आँखों में गहरी उदासी भी। बोले, 'इतना पाने के लिए कितना खोना पड़ता है।'

मैंने कहा, 'आप इसे इतना-सा कहेंगे। मैंने जो कुछ पाया उसकी थाह नहीं। पाने के लिए खोना ही पड़ता है, उसकी थाह न लें तो अच्छा।'

सौमित्र और भी गम्भीर हो आये, 'कैसे चुकाऊँगा तुम्हारा ऋण?'

मैंने जैसे झुँझलाकर कहा, 'कैसा ऋण, किसका ऋण? संदीप क्या तुम्हारा ही है। वह तो मेरे शरीर का अंग है। मेरा रक्त बहता है उसकी धमनियों में। क्या समझते हैं आप?'

सहसा वह प्रभामण्डल गायब हो गया। मैंने चौंककर देखा, सपना देखते-देखते चौंककर उठ बैठी हूँ। क्यों लड़ती रहती हूँ मैं निरन्तर अपने से, अपनी दुर्बलता को छिपाने के लिए या अपने को जानने के लिए...मैं अपने को जानना चाहती हूँ।

पिताजी शान्त थे, प्रसन्न थे; पर घमासान तो उनके अन्तर में भी मचा होगा, विशेषकर मुझे लेकर। आयु का प्रभाव भी होता है। देखती हूँ, बार-बार आँखें पोंछ लेते हैं। दुर्बल भी होते जा रहे हैं। एक

दिन बोले, "बेटी, अब तो उठा भी नहीं जाता। एक बार मोनिका और प्रभात को देखना चाहता हूँ।"

मृत्यु के पदचाप स्पष्ट सुन रही थी मैं। सुशील दा ने अपने पास ही एक छोटे-से मकान का प्रबन्ध कर दिया था। उनका काम करते-करते, बीच-बीच में उन्हें देख जाती थी। अब मुझे लगा, मोनिका को बुलाना ही होगा।

तीसरे दिन मोनिका और प्रभात आ गये। उस समय वे बिलकुल शान्त लेटे थे। एक बार दोनों को देखा, मुसकराए। मोनिका अपने को न रोक सकी। उनकी शय्या पर बैठकर अपना सिर उनके वक्ष पर रख दिया और रो पड़ी।

"पगली," मैंने उसे अपने पास खींच लिया, "यह समय रोने का नहीं, प्रार्थना करने का है।"

पिताजी ने आँखें खोलीं। हम सबको देखा। संदीप पास खड़ा था। देर तक देखते रहे उसे और फिर नेत्र मूँद लिये। साँसें लम्बी होने लगीं। दो क्षण बाद सहसा आँखें पूरी खुल गयी, फिर यंत्रवत् आधी बन्द हो गयीं। मुख से तीन बार ओउम् और राम कहा। फिर सब कुछ शान्त हो गया। जहाँ से वे आये थे वहीं चले गये, शान्त-निरुद्विग्न।

मोनिका को सँभालना कठिन हो गया।

तीसरे दिन सब क्रियाओं से छुट्टी पाकर मुक्त हो गये। लोग आते रहे, जाते रहे। प्रभात भी चले गये। मोनिका नहीं गयी। वह कुछ दिन मेरे साथ रहना चाहती थी। जाते हुए एकान्त में प्रभात मुझसे बोले, "सुमति! मैं तुम्हें पहले से भी ज्यादा प्यार करता हूँ, पर अब उस प्यार को मैं भक्ति कहता हूँ।"

हँस पड़ी मैं, "मुझे वही रहने दो, जो मैं हूँ। कैसे-कैसे क्षणों में तुम मेरे साथ रहे हो। तुमने मेरे लिए जितना किया, उसका हिसाब किसके पास है। वह अनकहा ही रहे। इतना ही कहूँगी कि मैं भी तुम्हें उसी तरह चाहती हूँ, एक प्यारे दोस्त की तरह।"

फिर एक दिन मोनिका भी चली गयी। जाते समय वह इतनी उद्विग्न थी कि बोली ही नहीं। बस मुझे देखती ही रही और वह सहस्र

जिह्वाओं से बोलती रही। अच्छा यही था कि संदीप तब अपने स्कूल में था। वह बड़ा हो गया था। अपनी आयु से बड़ा। इसलिए बोलता कम था, कहता बहुत था। सुशील दा से भी कम। लौटकर इतना ही पूछा, "मम्मी! बुआ गयी?"

"हाँ बेटा! सबका अपना-अपना घर होता है।"

"सबका एक घर नहीं होता?"

मैं हँस पड़ी। उसे अपने पास खींच लिया। उसने भी जैसे अपनी गलती महसूस की और फिर कुछ नहीं पूछा। वैसे भी अब वह सुशील दा से ही अधिक पूछता था। हम अब उनके घर के पास ही एक घर में रहने लगे थे। इसलिए उनके और संदीप के बीच की दूरी सहज ही समाप्त हो गयी थी। मैं सुशील दा का काम सहेजती, तन्मय होकर उनकी बातें सुनती और अनुभव करती कि पीढ़ियों का अन्तर होने पर भी यदि उनमें सार्थक वार्तालाप बना रहे तो वह दूरी शक्ति बन जाती है।

मैं सुशील दा की तरह सर्जक नहीं हूँ। जो याद आ रहा है, उसे अपनी अटपटी भाषा में लिख रही हूँ। यह लिखना भी तो मैंने सुशील दा की रचनाएँ पढ़ते और लिखते सीखा था। वे मुझे पत्रों के उत्तर लिखवाते। रचनाएँ भी बोलकर लिखवाते, तब बीच-बीच में कहीं दूर चले जाते और शब्द उनके अन्तर से झरते रहते।

कभी-कभी वे सहसा मौन हो जाते पर मौन तो और भी मुखर होता है। उतने समय में मैं उनके अन्तर में उतर जाती और देखती उस छटपटाहट को जो...

तभी वे अचानक बोल उठते, "पढ़ो तो क्या लिखा है तुमने।"

मैं पढ़ती और वे फिर बोलने लगते।

संदीप से बतियाते सुशील दा, मुझसे गम्भीर मंत्रणा करते सुशील दा, फिर सहसा चुहलबाजी करते सुशील दा और कभी साधारण व्यक्ति की तरह असंगत बातें करते सुशील दा...मैं सोचती, कितने रूप हैं एक ही मूरत के। उनके साथ रहते-रहते मैंने अनुभव किया कि मेरे भी तो अनेक रूप हैं। ऐसे-ऐसे रूप कि उन्हें शब्द देने से डर लगता है। मेरा संकल्प दृढ़ था, पर दृढ़ता के पीछे छिपी दुर्बलता

भी तो मुखर थी। पर मैं उनसे डरती नहीं थी, जूझती थी। मैंने अपने को अधिक से अधिक जान लिया था। वही मेरी शक्ति थी।

हाँ, मैं यह तो बताना ही भूल गयी कि सुशील दा की सहधर्मिणी का देहावसान हो चुका था, पर उनके मन पर उनका एकछत्र राज्य था। फिर भी...

अब जाने दूँ इसे फिर कभी क्योंकि इसका 'हरि अनंत हरिकथा अनंता' की तरह छोर नहीं है। एक दिन सुशील दा नेत्र मूँदे न जाने कहाँ से बोले जा रहे थे और मैं लिखे जा रही थी। कहानी का अन्त होने को ही था कि सहसा द्वार खोलकर प्रभात और मोनिका नमस्ते का स्वरघोष करते हमारे सामने आ खड़े हुए। इस प्रकार तन्मयता के भंग होने पर हम दोनों काँप उठे, पर तुरन्त सँभाल लिया अपने को।

मैंने कहा, "अरे आप! यह अचानक धावा कैसे?"

सुशील भी हँसे, पर वह हँसी...

ओह यह कैसा रोग लग गया मुझे। हर क्षण, हर बात का ऑपरेशन करने लगती हूँ। सुशील दा कह रहे थे, "आइए, आइए, कैसे हैं आप?"

"अच्छे हैं। आप कहिए। आपने तो हमारी भाभी पर जादू कर दिया।"

मैं चौंक पड़ी। पर सुशील दा तो परम शान्त हँसते हुए बोले, "जादू मैंने नहीं, तुम्हारी भाभीजी ने किया है। ये मेरी सहायता न करतीं तो मैं अपनी रचनाओं के रेगिस्तान में भटकता रहता। तुम्हारी भाभी तो सचमुच..."

"बस-बस, मैं अभी जा रही हूँ। कल आऊँगी। जाऊँ न?'

"तुम स्वतन्त्र हो, मैं कौन होता हूँ।"

"तो चलो मोनिका, घर चलते हैं। संदीप भी आने वाला होगा।"

हाँ, यह बताना तो भूल ही गयी। संदीप अब इन्जीनियर हो गया है। उस दिन मैं कैसे-कैसे उड़ी फिरती थी पर अन्तर में, बाहर तो मैं पूर्ण शान्त थी। हाँ, चेहरा मेरा दमक रहा था। एक युग के बाद

रात्रि के सघन अन्धकार के अन्तर में से प्रकाश उभरा और सौमित्र ने मुसकराते हुए जैसे मेरे दोनों कन्धे पकड़ लिये, बोले, 'मैं तुम्हारे ऋण से उऋण नहीं हो सकता, होना चाहता भी नहीं; पर मैं आज तुम्हें मुक्ति देता हूँ। तुम अब पूर्ण स्वतन्त्र हो...'

और एकाएक सब कुछ समाप्त हो गया। उस क्षण के बाद सौमित्र कभी नहीं दिखे। मैं चकित थी क्योंकि सौमित्र तो बहाना मात्र थे। मुक्त तो मैंने अपने को किया था।

कितना घुमड़ी थी मैंने उस दिन, जिस दिन संदीप एक लड़की को लेकर मेरे पास आया। वह लड़की आशु, कितनी बड़ी-बड़ी आँखें और कैसा सुन्दर-साँवला रंग। उसे देखकर समझ पायी कि सौंदर्य गौर वर्ण का मोहताज नहीं है। सुते हुए नाक-नक्श ही उसके उपादान हैं। वह अकसर घर आती थी। देखती कि वे अकसर विवाद में उलझ पड़ते, तब आशु सहज भाव से डाँट देती 'अरे बाबा। तुम्हें इतना भी नहीं आता। किस बल पर बने हो इंजीनियर?'

'तुम्हारे बल पर', संदीप उसी तरह हँसता-हँसता बोल उठता।

'नॉटी बॉय...'

मैं देखती और विभोर हो उठती। पर सच कहूँ तो कभी-कभी एक कसक अन्तर में उठती, मुझे कँपाती निकल जाती। संदीप उसी आशु को लेकर आया उस दिन। कई क्षण दोनों मौन खड़े रहे मेरी ओर देखते।

मैं समझ रही थी। बोली, "अरे बोलता क्यों नहीं, क्या बात है?"

"वह...मैं और आशु..."

मैंने उसी क्षण दोनों को अपने अंक में भर लिया और माथे पर चुम्बन अंकित कर दिया। बोली एक शब्द नहीं क्योंकि खुशी भी कितना विह्वल कर देती है। मेरी बाँहों से मुक्त होकर दोनों ने मेरे चरण छुए। फिर संदीप आशु को लेकर अपने पिता के चित्र के पास गया, माल्यार्पण किया...मैंने आश्चर्यचकित प्रसन्नता से देखा कि सौमित्र मूर्ति से बाहर आये, दोनों को वक्ष से चिपकाकर आशीर्वाद दिया। फिर मेरी ओर इशारा करके न जाने क्या कहा।

उसी सम्बन्ध में उस दिन मोनिका और प्रभात आये थे। तीसरे दिन आर्यसमाज मन्दिर में जाकर संदीप और आशु ऐसे बन्धन में बँध गये, जिसकी व्याख्या कोई नहीं कर पाया। लेकिन जिस दीप्ति ने उस क्षण उनके मुख को आवृत्त कर लिया था, उसने जैसे मुझे मुक्त कर दिया। मैं उनसे भी अधिक आनन्द में डूब गयी। मुझे लगा जैसे चारों ओर वातावरण में रंग बिखर आये हैं और हम सब एक रहस्यमय लोक में पहुँच गये हों। तब एकाएक मैंने सुशील दा की तरफ देखा। वह उसी तरह शान्त, संयत, व्यवस्था में लगे थे। एकान्त पाकर मैंने धीरे से उनसे कहा, "मेरा दायित्व पूरा हुआ। मैं आज मुक्त हो गयी।"

सुशील दा ने उसी सहजभाव से पूछा, "सच कहना सुमति, क्या तुम सचमुच मुक्ति चाहती हो?"

चकित-विस्मित मैंने उनकी आँखों में झाँका, "क्यों, क्या मुझे मुक्ति का अधिकार नहीं है?"

"अधिकार तो तुम्हें सदा रहा है, पर तुमने मुक्ति चाही ही नहीं।"

"लेकिन अब चाहने का अवसर आ गया है।"

कई क्षण सुशील दा अपने में डूब रहे, बोले नहीं। उनकी दृष्टि जैसे मेरे अन्तस्थ को चीरकर सब कुछ को उजागर कर रही थी। उनके मन में कई प्रश्न उभर रहे थे, किसी गहन गुफा से निकलकर उठ रहे सघन प्रश्न। लेकिन उन्होंने कुछ कहा नहीं, क्योंकि उन प्रश्नों का उत्तर भी वह जानते थे। वह स्वयं ही प्रश्न थे, स्वयं ही उत्तर। ऐसे व्यक्ति ही तो सर्जक होते हैं। मैं भी कुछ नहीं बोली। था भी क्या बोलने को?

तीसरे दिन संदीप और आशु अपनी जीवन की पहली मुक्त यात्रा पर चले गये, जिसे लोग संसारी भाषा में हनीमून कहते हैं। मोनिका और प्रभात भी चले गये।

जाते समय मोनिका ने मेरे पास आकर याचना-भरे स्वर में कहा, "भाभी, अब तुम मुक्त हुईं। कुछ समय हमारे साथ रहने के लिए चलो न।"

मैंने उसे बाँहों में समेटकर इतना ही कहा, “आऊँगी किसी दिन, पर अभी तो मुझे बहुत काम करने हैं।”

एक दिन वे काम भी समाप्त हो गये। संदीप को नौकरी मिल गयी थी। उसने मुझसे कहा, “मम्मी, अब तो तुम्हें हमारे साथ रहना चाहिए।”

मैंने यंत्रवत् वही उत्तर दिया जो मोनिका को दिया, “रहूँगी, तुम्हारे पास भी रहूँगी, पर अभी तो मुझे सुशील दा के कई काम पूरे करने हैं। मुक्त यहाँ से भी तो होना है।”

वह भी चले गये। विदा के उन क्षणों में क्या होता है, वह सब बताने की न तो आवश्यकता है, न ही मुझमें क्षमता। तब मैं मैं कहाँ रह गयी थी। अब तक एक दायित्व के बहाने अपने को समेटा था। अब कौन-सा दायित्व मुझे समेटेगा। मैंने एक संकल्प किया था, वह पूरा हो गया। सौमित्र के रूप में संदीप अब अपना दायित्व स्वयं सँभाल सकता था। नटखट आशु उसकी शक्ति थी। नटखट इसलिए कि प्यार से बड़ी कोई क्रान्ति नहीं होती। यह क्रान्ति ही आशु को वह अधिकार देती थी कि वह संदीप को डाँट सके। मैंने जब यह बात सुशील दा से कही तो उन्होंने मुसकराकर उत्तर दिया, “तुम एक दिन मेरी शिष्या बनकर आयी थीं। आज मेरी गुरु बन गयीं। अब भी क्या तुम मुक्ति चाहती हो?”

मैंने धीरे-से कहा, “सुशील दा, क्या मुक्ति एक छलावा नहीं है? यह एक अज्ञात भय है जो हमें मुक्ति और बन्धन जैसे शब्दों से जकड़े रहता है। मैंने आज अनुभव किया है कि अपना संकल्प पूरा कर लेने के बाद भी मैं सचमुच मुक्ति नहीं चाहती।”

सुशील दा मेरी ओर देखते रहे। फिर धीरे-धीरे बोले, “यही तो मैं तुमसे बराबर कहता रहा हूँ। मुझ पर भी कोई दायित्व नहीं है। पर फिर भी मैं उस अर्थ में मुक्ति नहीं चाहता, जिस अर्थ में संसार उसे समझता है। इस आयु में मेरे अन्तर में सान्निध्य की प्रबल चाह है क्योंकि बिना सान्निध्य के अन्तर में जो प्रतिभा की कली है वह खिलती नहीं। वह तभी खिलती है जब सुगन्ध से भर जाती है।”

मैंने अपना हाथ सुशील दा के कंधे पर रख दिया और हलके

से दबाकर इतना ही कहा, "अब और कुछ नहीं, अनकहा ही रहने दो, जो कहना चाहते हो। विश्वास करो, मैं तुम्हें छोड़कर नहीं जाऊँगी। रिश्ते-नातों में मुझे विश्वास नहीं है। मैं उसी तरह काम करती रहूँगी और वेतन भी लेती रहूँगी।"

सुशील दा ने कुछ उत्तर नहीं दिया। बस मेरा हाथ धीरे से दबा दिया। आज समझा है कि यह बन्धन है और यही मुक्ति। दोनों का एक ही अर्थ है...

अब आगे कुछ नहीं कहूँगी। कहने को कुछ रह भी नहीं जाता। फिर यह कहने का दुस्साहस क्यों करूँ। करूँ तो आपकी समझ पर अविश्वास करने जैसा होगा। मैंने कहा न कि मैं सर्जक नहीं हूँ। अपने भावों को ठीक-ठीक शब्द भी देना नहीं जानती। यदि कहूँ, मेरी कहानी यहीं समाप्त होती है तो वह अभी असत्य होगा। क्योंकि समय की तरह हर कहानी भी गतिमान रहती है। व्यक्ति बदल जाते हैं, परन्तु कहानी नहीं बदलती। अन्तर इतना ही है कि कुछ व्यक्ति कहानी लिखते हैं और कुछ कहानी के पात्र बन जाते हैं। जैसे सुशील दा कहानी लिखते हैं और मैं कहानी का पात्र हूँ। एक ऐसा पात्र जिसने अपना मार्ग स्वयं निर्धारित करने का अधिकार प्राप्त कर लिया है। बस इससे अधिक अब कुछ नहीं।

❑❑